中华精神家园

西部沃土

七彩云南

滇云文化特色与形态

肖东发 主编　赵一帆 编著

中国出版集团

现代出版社

图书在版编目（CIP）数据

七彩云南：滇云文化特色与形态 / 赵一帆编著. —
北京：现代出版社，2014.5（2021.3重印）
　ISBN 978-7-5143-2374-0

　　Ⅰ．①七… Ⅱ．①赵… Ⅲ．①地方文化－研究－云南
省　Ⅳ．①G127.74

　　中国版本图书馆CIP数据核字(2014)第085413号

七彩云南：滇云文化特色与形态

主　　编：肖东发
作　　者：赵一帆
责任编辑：王敬一
出版发行：现代出版社
通信地址：北京市定安门外安华里504号
邮政编码：100011
电　　话：010-64267325 64245264（传真）
网　　址：www.1980xd.com
电子邮箱：xiandai@cnpitc.com.cn
印　　刷：汇昌印刷（天津）有限公司
开　　本：710mm×1000mm　1/16
印　　张：10
版　　次：2015年4月第1版　2021年3月第4次印刷
书　　号：ISBN 978-7-5143-2374-0
定　　价：29.80元

党的十八大报告指出："文化是民族的血脉，是人民的精神家园。全面建成小康社会，实现中华民族伟大复兴，必须推动社会主义文化大发展大繁荣，兴起社会主义文化建设新高潮，提高国家文化软实力，发挥文化引领风尚、教育人民、服务社会、推动发展的作用。"

我国经过改革开放的历程，推进了民族振兴、国家富强、人民幸福的中国梦，推进了伟大复兴的历史进程。文化是立国之根，实现中国梦也是我国文化实现伟大复兴的过程，并最终体现为文化的发展繁荣。习近平指出，博大精深的中国优秀传统文化是我们在世界文化激荡中站稳脚跟的根基。中华文化源远流长，积淀着中华民族最深层的精神追求，代表着中华民族独特的精神标识，为中华民族生生不息、发展壮大提供了丰厚滋养。我们要认识中华文化的独特创造、价值理念、鲜明特色，增强文化自信和价值自信。

如今，我们正处在改革开放攻坚和经济发展的转型时期，面对世界各国形形色色的文化现象，面对各种眼花缭乱的现代传媒，我们要坚持文化自信，古为今用、洋为中用、推陈出新，有鉴别地加以对待，有扬弃地予以继承，传承和升华中华优秀传统文化，发展中国特色社会主义文化，增强国家文化软实力。

浩浩历史长河，熊熊文明薪火，中华文化源远流长，滚滚黄河、滔滔长江，是最直接的源头，这两大文化浪涛经过千百年冲刷洗礼和不断交流、融合以及沉淀，最终形成了求同存异、兼收并蓄的辉煌灿烂的中华文明，也是世界上唯一绵延不绝而从没中断的古老文化，并始终充满了生机与活力。

中华文化曾是东方文化摇篮，也是推动世界文明不断前行的动力之一。早在500年前，中华文化的四大发明催生了欧洲文艺复兴运动和地理大发现。中国四大发明先后传到西方，对于促进西方工业社会的形成和发展，曾起到了重要作用。

　　中华文化的力量，已经深深熔铸到我们的生命力、创造力和凝聚力中，是我们民族的基因。中华民族的精神，也已深深植根于绵延数千年的优秀文化传统之中，是我们的精神家园。

　　总之，中华文化博大精深，是中国各族人民五千年来创造、传承下来的物质文明和精神文明的总和，其内容包罗万象，浩若星汉，具有很强的文化纵深，蕴含丰富宝藏。我们要实现中华文化伟大复兴，首先要站在传统文化前沿，薪火相传，一脉相承，弘扬和发展五千年来优秀的、光明的、先进的、科学的、文明的和自豪的文化现象，融合古今中外一切文化精华，构建具有中国特色的现代民族文化，向世界和未来展示中华民族的文化力量、文化价值、文化形态与文化风采。

　　为此，在有关专家指导下，我们收集整理了大量古今资料和最新研究成果，特别编撰了本套大型书系。主要包括独具特色的语言文字、浩如烟海的文化典籍、名扬世界的科技工艺、异彩纷呈的文学艺术、充满智慧的中国哲学、完备而深刻的伦理道德、古风古韵的建筑遗存、深具内涵的自然名胜、悠久传承的历史文明，还有各具特色又相互交融的地域文化和民族文化等，充分显示了中华民族的厚重文化底蕴和强大民族凝聚力，具有极强的系统性、广博性和规模性。

　　本套书系的特点是全景展现，纵横捭阖，内容采取讲故事的方式进行叙述，语言通俗，明白晓畅，图文并茂，形象直观，古风古韵，格调高雅，具有很强的可读性、欣赏性、知识性和延伸性，能够让广大读者全面接触和感受中国文化的丰富内涵，增强中华儿女民族自尊心和文化自豪感，并能很好继承和弘扬中国文化，创造未来中国特色的先进民族文化。

2014年4月18日

文明孕育——古老历史

历史底蕴——文化之基

多姿多彩——民族风貌

地方特色——文化奇葩

古老历史

　　滇云文化是指在滇云区域内产生的一种地方文化，其区域东接黔蜀，南控交趾，西拥诸甸，北距吐蕃。是具有典型热带民族文化和具有游牧民族文化的多元文化。

　　从距今1400万年前的晚中新世地层中的开远古猿，至距今800万年前早上新世的禄丰古猿晚期类型，再至距今170万年前的元谋人，旧石器时代晚期的丽江人、昭通人，以及发现于路南、呈贡等地的古人类……

　　在中华如星光满天的史前文明起源地中，滇云的史前文化是其中最耀眼的一颗。

由猿到人进化的南方古猿

　　在我国西南边陲，有一个由西北向东、向南、向西呈阶梯式逐级下降的区域。域内缺少辽阔的平原，但山间盆地分布广泛，斑斑点点，星罗棋布。

■ 喀斯特地貌

在这片广袤的土地上，西部为青藏高原山地的南延，自西向东排列着高黎贡山、怒山、云岭，山脉之间伴有怒江、澜沧江、金沙江。一山一川相互挟持，并肩南下，绵延数百里。

一列列大山高耸入云，海拔多为4千米至6.7千米之间，山峰顶部冰雪覆盖，一条条白色巨龙似的冰川横卧其间。河流奔腾咆哮于大山之间，形成幽深险峻的大峡谷，如怒江大峡谷、澜沧江峡谷、金沙江峡谷。

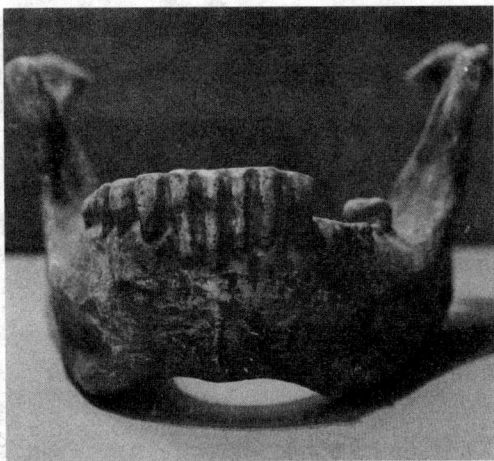

■ 古猿人下颌骨

域内东部为喀斯特高原，分布着许多喀斯特丘陵、峰林峰丛、喀斯特湖、波立谷、漏斗、溶洞、地下暗河、石林等。

在喀斯特高原以西、大理洱海以东，为起伏和缓的红壤高原。高原面保存完整，分布着波状起伏的低山、丘陵和盆地。

境内高山叠嶂，密林葱郁，雨量充沛，奔流着大小河流600余条，多为入海河流的上游，它们分别汇入6条大河，即金沙江、珠江、澜沧江、怒江、红河及伊洛瓦底江。

除奔腾汹涌、纵横交织的河川外，还有水平如镜的高原湖泊，像颗颗明珠点缀在高原群山之间，显得格外瑰丽晶莹。较著名的有滇池、洱海、抚仙湖、杞麓湖、异龙湖、泸沽湖、阳宗海、星云湖、程海等。

高黎贡山 属青藏高原南部，横断山西部断块带、印度板块和欧亚板块相碰撞及板块俯冲的缝合线地带，是著名的深大断裂纵谷区。山高坡陡切割深，并塑造了无数雄、奇、险、秀景观，像银河飞溅、奇峰怪石、石门关隘、峡谷壁耶等。最早始见于唐代著名学者樊绰所著的《蛮书》。

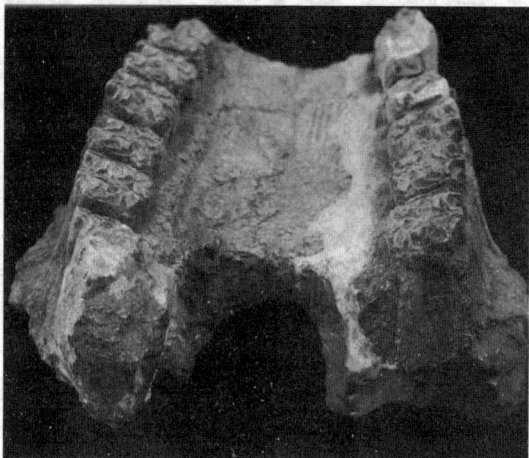
■ 古猿化石

七彩云南

滇云文化特色与形态

在这片丰腴富饶、神奇美丽的土地上，开远古猿、禄丰古猿、元谋古猿、保山古猿、昭通古猿等古人类的祖先早就开始在这里生活了，并一步步地走向人类的进化。

开远古猿化石发现于开远西北部小龙潭第三纪褐煤层里。在先后4次发掘中，共发现古猿化石：带12枚牙齿的古猿上颌骨1件，下齿列2件共8枚牙齿及同一个体的下牙5枚。

同时在化石层中还发现了四棱齿象、玉巨颌嵌齿象、似中国四棱象、庆义轭齿象、鹿等哺乳类化石。地层年代测定为中新世晚期，距今大约1400万年。

开元小龙潭是我国第一个古猿化石产地。开远古猿化石的发现，对于了解人类遥远的直系祖先或其旁支，研究他们演化发展的谱系，探讨人类起源等问题，具有重要的意义。

禄丰古猿化石出土的地方，在禄丰盆地的北缘，距禄丰县城约5千米的石灰坝的第三纪褐煤层里。在多次发掘中，采集到的古猿化石计有：颅骨5个；下颌骨10个；颅骨残块6件；上、下颌骨残块41件；上、下齿列29组；单个牙齿650枚；肩胛骨和锁骨各1件；指骨2根；股骨近中段1根；跖骨1件。

其中的一件古猿头骨化石最为珍贵，是世界上迄

昭通 位于云南省东北部，地处云、贵、川三省结合部；古称"朱提""乌蒙"，自秦开"五尺道"、汉筑"南夷道"后，便成为中原文化传入云南的重要通道，古"南丝绸之路"之要冲，早期云南文化的三大发祥地之一，素有小昆明之称。

今为止发现的最完整的古猿头骨化石，地质年代属第三纪上新世早期，距今大约800万年。

它具有从猿进化到人的一系列显著特征，已经摆脱了树栖生活，能够直立行走。这对于探讨人类起源的早期进化有着十分重要的科学价值。

昭通古猿化石出土于云南昭通昭阳水塘坝的采煤坑，为一件古猿头骨化石。昭通古猿面部基本完整、保存状况极佳，仅有微小的变形。这具头骨眼眶呈圆角方形且宽大于高、眉脊明显开始发育、中面部宽短、突颌程度较弱。

昭通古猿年代为距今620万年至610万年间的晚中新世末期，是云南古猿中时代最年轻的代表，也是欧亚大陆其他地区古猿都已绝灭以后残存的代表。

元谋古猿化石发现于金沙江边崇山峻岭之间的热坝盆地，先后进行大规模的考察和4次挖掘，确认这

金沙江 发源于青海境内唐古拉山脉的格拉丹冬雪山北麓，是西藏和四川的界河。《禹贡》中将其称为"黑水"，《山海经》中称之为"绳水"，三国时称为"泸水"，宋代因为河中出现大量淘金人而改称金沙江。还有丽水、马湖江、神川等名称。

■ 南方古猿生活地

个地区主要有两个古猿化石层：一是上新世早期，地点有元谋物茂乡小河村的蝴蝶梁子、房背梁子和雷老村；二是上新世晚期，在竹棚村西偏南约1千米的豹子洞箐顶部。出土的古猿化石有头骨一件，上下颌骨残片20件，牙齿1250余枚。

元谋古猿化石的发现，填补了我国上新世该类型古猿化石材料的空白。同时，对研究人类起源与演化及其地理分布，提供了珍贵的实物资料。

南方古猿是由猿到人进化过程中的主要代表，保山古猿正介于禄丰古猿和南方古猿之间。因此，它的发现填补了人类进化史的一段空白。

开远、禄丰、元谋和昭通发现的古猿化石，为我们清晰呈现出了一条人类"从猿到人"进化的完整链条。

七彩云南

滇云文化特色与形态

阅读链接

云南省楚雄州禄丰石灰坝一村民在采煤时，先后收集一书包化石，1974年5月送文物部门。后文物工作者调查时，拾到一颗疑为"猿人"牙齿的化石，经鉴定是古猿白齿。

于是对此地先后发掘9次，共发现鱼类、爬行类、鸟类、哺乳类4纲、14目、40科、110种脊椎动物化石数千件。其中，灵长目中就有大猿、长臂猿、兔猿3科3种。为研究禄丰古猿提供了丰富的标本，其中一头骨已修复。

该头骨枕骨大孔位置比猿类更为靠前接近颅底中央，下颌骨的齿弓呈规则的拱形；下颌骨已经缩短，吻部不像猿类那样明显突出；下第三前白齿呈过渡型的双尖型，下犬齿、下门齿的齿冠较小较低；下白齿较短宽。各个部位与直立人同等部位具有明显相似之处。

能制造简单工具的元谋人

在金沙江中游地区，河谷渐宽，沿江分布着高低不同的浅丘和盆地。在远古时代，这些浅丘和盆地气候宜人，年温差小，日温差大，干湿季分明。特别是金沙江的河谷地区和元谋盆地，由于气候干燥炎热，昼夜温差不大，四季不分明，全年基本无冬天，因而有"天然温室"之美称。

爪蹄兽、最后枝角鹿等第三纪残存动物在这里出没。再晚一些，则有桑氏鬣狗、云南马、山西轴鹿等早更新世的动物。它们大多数都是草食类野兽。为了

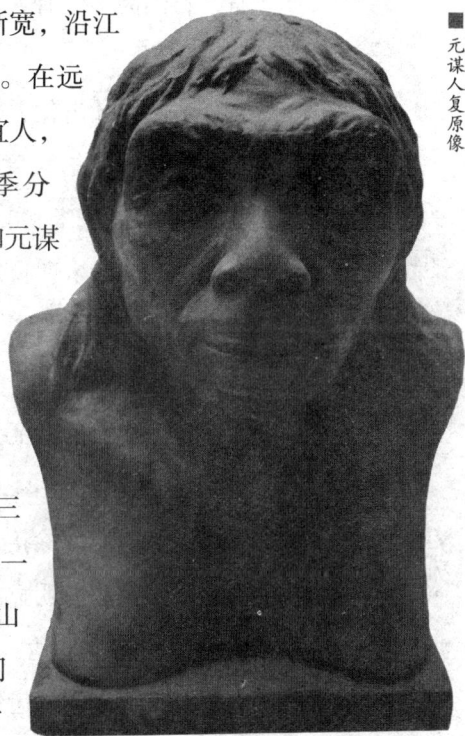

元谋人复原像

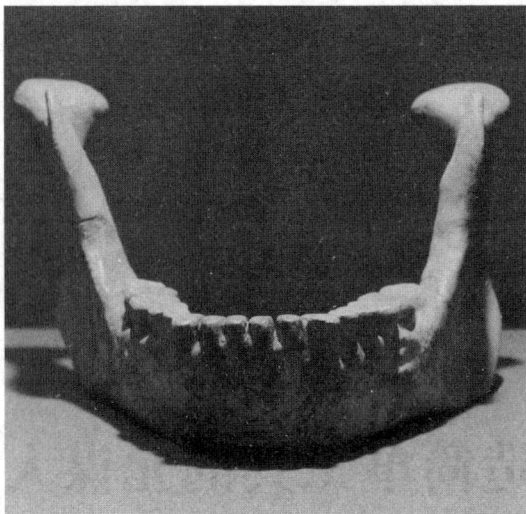

■ 古猿人牙齿化石

七彩云南

滇云文化特色与形态

石核 也称砾石石
器。从砾石或石
材上打下石片，
以剩下的石核作
为工具来使用。
我国曾出土的三
棱大尖状器系
从两面或三面交
互打击加工成形
的。习惯上把两
面刃的砾石石器
称为敲砸器，单
面刃的称为砍砸
器，在砾石周缘
加工，则成为圆
形的石球，但以
上的用途分工并
不明显。

生存，人类的祖先——群居的元谋人，开始在这温暖的盆地里生生不息，发展壮大。

元谋人遗址就位于元谋县上那蚌。上那蚌在元谋盆地的东缘，是一个由棕褐色黏土组成的小山丘，四周为冲沟所包围，南边有那蚌河流入金沙江的支流龙川江。

在上那蚌褐色黏土层中，出土了两枚猿人牙齿化石、石制品、带有人工痕迹的动物骨片、烧骨和大量动物化石。

这两枚牙齿化石，一为左上内侧门齿，一为右上内侧门齿；齿冠长度分别是11.4毫米和11.5毫米，宽度分别是8.1毫米和8.6毫米，高度虽经磨耗而减小，但仍达11.2毫米和11.1毫米；同属于一个成年个体。齿冠保存完整，齿根末梢残缺，表面有碎小裂纹，裂纹中填有褐色黏土。

牙齿化石的特征为：牙齿粗硕，齿冠部分显著，齿冠扩展指数达141.9，超过了我国已知的早期人类牙齿；齿冠唇面除接近颈线的部分较为隆突外，其余部分较平扁，有明显的汤姆氏线，唇面沟及浅凹面；舌面的底结节发达，占舌面1/2，铲型结构。牙齿形态与北京人同类牙齿相似，但更具原始性。

008

"元谋人"以发现化石产地命名，为直立人元谋亚种，简称"元谋直立人"或"元谋猿人"，俗称"元谋人"。元谋人的地质时代属于中更新世到晚更新世时期，据古地磁断代，距今大约170万年。

此后，在同一地点的同一层位中，发掘出少量石制品、大量的炭屑和哺乳动物化石。先后出土石器17件，其中地层出土7件，地表采集到10件。

这些石器人工痕迹清楚，器型不大，有石核、尖状器和刮削器。它们和牙齿化石虽不居于同一水平面上，但层位大致相同，距离也不远，应是元谋人制作和使用的工具。

刮削器分三类。其一为两刃刮削器，由石片制成，从石器上的人工加工痕迹来看，可能是砸击修理的。其二为复刃刮削器，由小石块制成，三边有加工痕迹，略呈长方形，应是复向加工而成。其三为端刃

刮削器 石器时代人们用石片制成的一种切割和刮削工具。因形状不同，可分为长刮器、短刮器和圆刮器等。这种刮削器多是骨质或石质的，用途广泛，另外还也可以用来制作木制品、竹制品，比如刮去树皮制作棍棒、木箭等。

■ 元谋人生活方式复原图

刮削器，也由小石块制成，也为复向加工而成。

石核呈梭形，单台面。石片原料为红色砂岩，长略小于宽，打击点散漫。尖状器由石英岩石片制成，左侧单面加工，右侧两面加工，在中轴相交，属正尖尖状器。

发现的炭屑多掺杂在黏土和粉砂质黏土中，少量在砾石凸镜体里。炭屑大致分为3层，每层间距30至50厘米。炭屑常常和哺乳动物化石伴生。此外还发现两块黑色的骨头，经鉴定可能是被烧过的。这些可能是当时人类用火的痕迹。

与元谋人共生的哺乳动物化石，有泥河湾剑齿虎、桑氏鬣狗、云南马、爪蹄兽、中国犀、山西轴鹿等29种，大多数为早更新世当地常见物种。

"元谋人"的发现，将我国人类历史向前推进了100多万年，为人类起源与发展多元中心论提供了强有力的科学支持。

阅读链接

当地质工作者在研究西南地区新构造时，有一天，其中一人在上那蚌村西北方向800米处牛肩包西南一个高4米的元谋组组成的褐色土包下部，发现了几枚半露出地表的云南马牙齿化石。

在挖掘云南马牙齿化石时，发现在云南马牙齿化石旁边还有一些化石，化石大部分埋在土中，表面露出一些痕迹，当时即用地质锤的尖端进行仔细挖掘，惊奇地发现了2枚人牙化石。

其中一枚牙齿化石齿冠半露地表，牙根埋在土中，另一枚则全部埋在土层中，两枚牙齿化石相距10余厘米，同时还找到了一个啮齿类动物的下牙床及其他一些化石残片。这就是元谋人牙齿化石发现的过程。

旧石器时代晚期的丽江人

金沙江流到丽江石鼓镇，突然改变了南流方向，来了个大转弯，形成了著名的万里长江第一湾。

丽江，因地处万里长江第一湾河套地区而得名，纳西语系称丽江

■原始人生活场景

古人类生活场景

旧石器时代 就是以使用打制石器为标志的人类物质文化发展阶段。我国距今100万年前的有西侯度文化、元谋人石器、匼河文化、蓝田人文化以及东谷坨文化。距今100万年前，在北方以北京周口店文化为代表，在南方以贵州黔西观音洞文化为代表。

为"依古堆"，意思是丽江为金沙江转弯的地方。

丽江市地势西北高而东南低，流经全境的金沙江以及两岸拔地而起的属云岭山脉的老君山、玉龙山、绵绵山三大山系，构成了丽江地区地形的基本经脉和骨架。

在丽江古城南13千米处的漾西木家桥，有一旧石器时代晚期文化遗存，先后发现3件人类股骨化石和一件少女头盖骨化石，考古学上定名为"丽江人"，属旧石器时代晚期智人，地质年代为更新世晚期，距今10万年至5万年。

"丽江人"头骨有一定程度的石化，但石化程度并不太深，头骨呈灰褐色，局部有色泽较深、大小不等的色斑。

脑颅部分比较完整，除左侧颞骨的乳突部、枕骨的底部和两侧部缺失外，其余部分保存完好。

由顶面观察，两顶结节明显向外突出，头骨的前部较窄，头骨呈五角形。最大头宽是在两侧颞鳞后上缘的稍下方，与我国大多数晚期类型的智人化石相似。

"丽江人"头骨没有明显的顶孔。仅在相当顶孔区处有一微低的凹陷，矢状缝右侧似有一很细的小孔。其头骨没有明显的矢状嵴，仅在它的前额处似有一些痕迹。丽江人顶骨的乳突部不存在角圆枕，枕部圆钝。枕外隆突点的位置明显地比"人"字点靠近前方。

由侧面观察，眉弓发育甚弱，眉间突度几乎不可测定，前额部分垂直且甚为饱满。枕部圆钝，具有明显的"发髻状"隆起。

整个头骨的各骨缝均无明显的愈合。枕骨底部虽已缺失，但蝶骨体与之接合处还遗有软骨骨骺的痕迹，表明基底缝未曾全部愈合，基底缝未愈合表示头骨的年龄未达成年。

颞骨的乳突部尚未与鼓室部及鳞部完全愈合，也说明该头骨的年纪尚轻。头骨只保存智齿的齿槽孔，智齿是否已经长出不能判断。

燧石 非常坚硬，破碎后产生锋利的断口，最早为石器时代的原始人所青睐，绝大部分石器都是用燧石打击制造的。燧石和铁器击打会产生火花，所以为古代人用作取火的工具。在我国古代，常用一小块燧石和一把钢制的火镰击打取火，所以燧石也叫"火石"。

■ 鹿角器

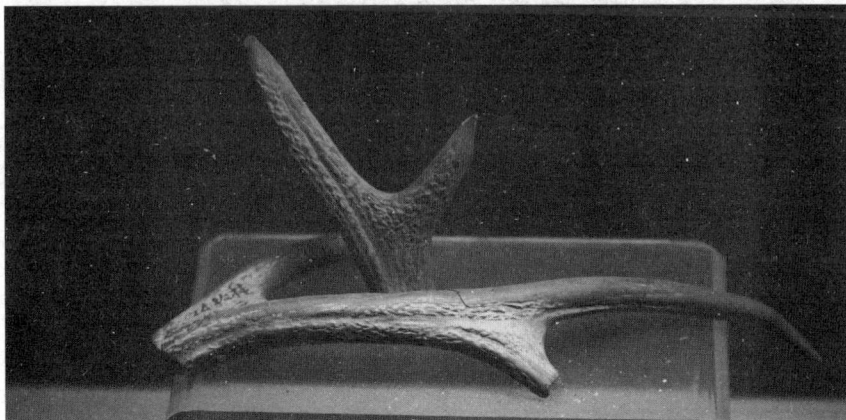

头骨的体积较小，骨质表面比较细致平滑，肌嵴不太明显，眉弓的发育较弱，额部较为丰满，有明显的额结节和顶结节，明显发达的额结节和顶结节是幼年头骨的特点，亦常为女性头骨所保留。枕外隆突发育弱，头骨的骨壁较薄。

此外，还出土伴生动物化石、石片、刮削器、砍砸器等。石制品均为燧石制品，包括石片、石核和石核碎块。

石片较大，最长的达7.6厘米，保留有自然台面，打击点散漫，半锥体不显著。

有一件石核有3个自然面，其中两面曾作台面使用过，留下了重叠的石片疤。同时出土的动物化石种类有：剑齿象、犀牛和云南轴鹿等。

与"丽江人"共同出土的还有一件鹿角器，两边穿孔，但均未穿通，它是云南迄今发现的旧石器时代唯一的角器。

"丽江人"表现出蒙古人种的特征，可见，早在10万年前，已有中华民族的祖先在丽江地区繁衍生息。

阅读链接

西畴人文化遗存位于云南省东南部，发现于云南高原逐渐向越南低山丘陵过渡地带。在西畴境内的西洒镇东郊苁苁山脚下，有一石灰岩溶洞穴，名仙人洞，洞口朝向西北，高3米，宽2.5米。

先后两次在该洞清理发掘出5枚人类牙齿化石，出土32种古脊椎动物化石，其中绝灭种6种。经鉴定，人牙化石属晚期智人牙齿，定名为"西畴人"，距今10万至20万年。

此外，在昭通、路南、呈贡、石林等地也发现了旧石器时代晚期文化遗存。

遗存丰富的新石器文化

　　进入新石器时代，古人类文化遗址已遍及全境，特别是在滇池地区、洱海地区、昭通地区、金沙江中游、澜沧江中游等广大地区，遗存相当丰富。

■ 新石器时代古人生活场景

■ 石器

由于复杂的地理条件，以致几乎每一处所发现的文化遗存都自成体系，各有特点，独具特色。

昆明附近的滇池、抚仙湖和星云湖，都是断层陷落形成的内陆湖泊，周围有比较宽广的平坝，分布着相当密集的新石器时代遗址，其中有官渡、石寨山、河泊所等20多处。

这些遗址有的在平地，有的在几米至几十米的小岗子上，都有大量的螺壳堆积，一般厚四五米，最厚的可达9米。螺壳尾部都有一个被敲穿的小孔，是取食后的废壳堆积。

出土石器以磨制为主，种类有斧、锛、铲、刀、锤、砺石和敲砸器等。斧、锛类器物除普通型以外，还有双肩的、有段的以及有肩有段的各种类型。

陶器中以红陶最多，次为灰陶。手制，火候甚低。器形以大量泥质红陶的凸底浅盘为显著特征。其他器物有碗、钵、盆、罐等，有些罐带流，还有个别圈足器。

陶器上的纹饰主要有各种刻划纹，也有少量几何形印纹。泥质红陶凸底浅盘的外表常有稻壳印痕，可见这个地区的新石器文化的居民已知种稻。

在洱海地区的宾川白羊村、祥云清华洞和大理的鹿鹅山等遗址，白羊村遗址最有特点。

洱海 古称"叶榆水"，也叫西洱河、洱河、叶榆河、叶榆泽、昆弥川、昆明池等。位于云南大理市的西北，为云南省第二大淡水湖。因外形如同耳朵，故得名。大理"风花雪月"四景之一"洱海月"之所在。

星云湖 为高原断层湖，呈肾形，淡水。因与抚仙湖仅一山之隔，一河相连，俗称江川海。湖内主要鱼类有20种，闻名全国的"江川大头鱼"就产于星云湖，头大肉肥，味道鲜美，为湖中名贵鱼类。

白羊村遗址位于洱海以东的宾川县治东北约3千米，西临宾居河，高出河面约6米。文化层厚达4.35米，发掘后，发现房址11座、火塘14个、窖穴48个和墓葬34座。

房屋多呈长方形，较早的挖槽立柱，柱间编缀荆条，然后在两边抹草筋泥；较晚的不挖槽，同样栽柱、编荆条和抹草筋泥，有的有柱础。在34座墓葬中，有土坑墓24座，瓮棺葬10座。土坑墓均为长方形竖穴，均无葬具，也没有随葬品。葬式十分复杂，最突出的是无头葬，其次是仰身直肢葬和二次葬，也有个别的仰身屈肢葬。

无头葬共有10座墓，其中成年单人葬5座，小孩单人葬1座，成年2人合葬1座，成年3人合葬1座，成年与小孩各1人合葬1座，成年10人以上合葬1座。死者一般为仰身直肢，合葬墓中的死者有的同一方向，有的相互倒置。除全部无头外，还有缺股骨或其他骨骼的，又都是一次葬，显然是非正常死亡者。

瓮棺葬中有幼儿葬9座，成人葬1座，后者骨骼不全，仅有股骨、胫骨与少许脊椎骨，也是一座无头葬。据幼儿牙齿和头骨判断多不满周岁，有的还是出生不久的婴儿。

白羊村遗址出土的石器以磨制为主，只有个别是琢磨兼施或打制的。种类有斧、锛、凿、刀、镞、网坠、纺轮、砺石、印模、杵、刮削器、敲砸器和石球等。

古人打制石器画面

七彩云南

滇云文化特色与形态

■ 新石器时代古人
制作陶器场景

灰陶 灰色的陶器，有泥质灰陶和夹砂灰陶两大类。在新石器时代早期裴李岗文化遗址中已经出现，仰韶文化、龙山文化时期都有一定数量的灰陶，特别是用于蒸煮的器皿，多为夹砂灰陶。至夏代二里头文化早期，灰陶和夹砂陶占据了主要位置。

其中石刀颇有特色，多呈半月形，上背较直或稍凹，刃部呈圆弧状，近背部有二穿孔，有的刃部刻成锯齿状，可作锯用。印模系砺石改制而成，在一头刻成"米"字格纹，与某些陶器上的印纹是一致的。

骨器不多，主要有镞、凿、锥、针等，还有一种扁薄骨器，可能是抹泥的抹子。

陶器几乎都是夹砂的，褐陶最多，其次是灰陶，红陶甚少。均为手制，个别有慢轮修整痕迹。纹饰十分复杂，有划纹、绳纹、篦纹、剔刺纹、乳丁纹、印纹、附加堆纹等，以划纹、绳纹和篦纹为主。

划纹中有细线纹、弦纹、菱形纹、三角纹、网格纹、曲折纹、斜平行线纹等。绳纹较早的纵横交叉，疏密不等，较晚的细而整齐。篦纹早期较多，有曲折纹、"之"字纹等。划纹和印纹中也有"之"字纹。

陶器造型比较简单，主要是圜底器和平底器，无盖无把，仅少数有耳。器型主要有釜、罐、匜、钵、缸等。釜均为圜底大口，有的口外有錾手。罐有圜底和平底两种，常有复杂的纹饰。匜全为圜底宽流。此外还有陶支脚等。

在白洋村遗址的窖穴中曾出土灰白色的粮食粉末与稻壳、稻秆痕迹，可见当时已种植水稻。

昭通地区的新石器时代遗址主要有昭通闸心场、小过山洞、鲁甸马厂以及较南的宣威尖角洞等处。

出土的陶器多为单耳平底罐、细颈小平底瓶和碗等，多泥质或夹细砂灰陶，也有打磨光亮的黑陶。纹饰有划纹、点纹和弦纹等。石器一般磨制较精，主要是斧、锛。除普通石锛外，还有有段石锛。宣威尖角洞的石锛绝大部分为双肩有段式。

金沙江中游的遗址主要有元谋大墩子、龙街、张二村、马大海、下棋柳、大那乌、新发村、禄丰十八犁田、火车站等处。其中大墩子发掘最早。

大墩子遗址地处张二村河上游两条季节性河沟之间，高出河床约14米，南岸被河水冲刷破坏。发现房基15座、火塘7个、窖穴4个和墓葬37座，出土了大批石器、骨器和陶器等遗物。

房屋均为地面起建，长方形，单间或双间，长5至8米，

■ 夹砂红陶鬲

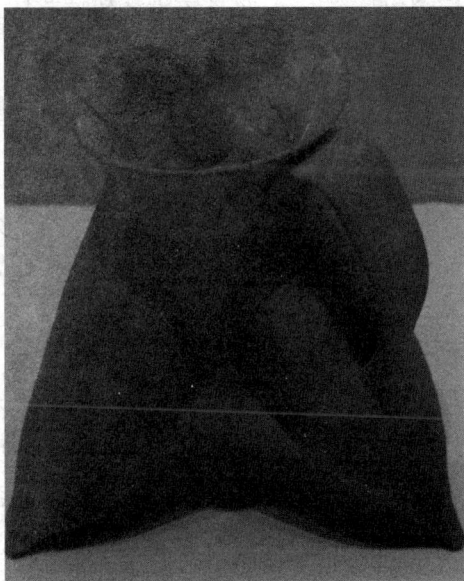

绳纹 古代陶器的装饰纹样之一。一种比较原始的纹饰，有粗绳纹和细绳纹两种。绳纹是在陶拍上缠上草、藤之类绳子，在坯体上拍印而成的，有纵、横、斜纹，有分段、错乱、交叉、平行等多种形式。是新石器时代至商周时期陶器最常见的纹饰。

■ 新石器时代古人制作的彩陶

宽3至4米。一般在四周挖基槽栽柱，柱间编荆条，再在西面抹草筋泥。

房顶推测是稍倾斜的平顶，也是在椽上编荆条再抹草筋泥，室内地面稍加修整，垫黄土或抹草泥，有的铺一层碎石，上垫黄土。室内有椭圆形或圆角长方形火塘，大致与居住面平或稍稍下凹，周围有泥埂。

大墩子墓葬也同白羊村一样有土坑墓和瓮棺葬两种。土坑墓19座，多为长方形竖穴，仅部分坑壁较整齐。未发现葬具。头向颇不一致，以东南向为主，也有东北向或西南向者。

一般为单人葬，仅有一座为一30岁左右女性与一6至8岁的幼童合葬。葬式比较复杂，有仰身直肢、仰身屈肢，侧身屈肢和俯身屈肢者。绝大部分墓没有随葬品，仅4座有骨镯、骨珠、牙饰、角凿或石锛，大致都是随身携带的装饰品和个别工具，看不出有专为埋葬而准备的随葬品。

大墩子有瓮棺葬17座，主要埋在房屋附近。先挖浅坑置瓮，上盖陶罐、陶瓮或石板。人骨大多朽坏，初步判断大多是不足周岁的婴儿。

有7座瓮棺有随葬品，包括小陶罐、陶壶、鸡形壶和穿孔骨珠等。有随葬品的瓮棺比例之高，是我国史前文化各墓地中所仅见的。

大墩子出土的石器绝大部分

是磨制的，有的通体磨光，有的残留打坯时留下的石片疤，打制石器为数甚少。种类有斧、锛、凿、刀、镞、纺轮、砺石、印模、杵、刮削器和石球等。这里石刀也有圆角长方形和半月形两种，后者较少，直背弧刃，多穿双孔，未见刃部刻锯齿者。镞多扁薄无铤，平底或凹底。

■ 夹砂陶罐

骨器有锥、凿、抿子、针、镞及管、珠等装饰品。鹿角制品有锥、凿、抿子等，还有少数牙器、蚌刀、蚌饰和海贝等。

陶器多夹砂，以灰褐陶为主，次为橙黄陶和红陶。泥条盘筑，用陶拍整形，骨抿打磨光平。纹饰有绳纹、划纹、篦纹、剔刺纹、印纹、乳丁纹和附加堆纹等，以绳纹、划纹和篦纹为主。绳纹有粗、细两种，较早的多交叉绳纹，较晚的则比较规整。

划纹有弦纹、菱形纹、三角纹、网格纹、曲折纹和平行斜线等。篦纹有的疏朗、有的繁缛，构成比较复杂的图案。大墩子同白羊村一样也有"之"字纹，但主要是压印和刻划而成，未见"之"字形篦纹。

器物造型比较简单，基本上都是平底器，仅见个别的圜底器和圈足器。主要器物有罐、壶、瓮和深腹钵等分别用作炊器、水器、存储器和食器，不少瓮用

纺轮 又称"纺专""塼""瓦"。新石器时代出现，最早为石片，后为陶制，再后在青铜器时代发展为铜制。出土最早的纺轮可以追溯至距今8000年的河南舞阳贾湖遗址，其"纺轮多用废陶片打制，中间穿圆孔"。

■ 古人喂猪场景

拉祜族 是我国古老民族之一。"拉祜"一词是这个民族语言中的一个词汇，"拉"为虎，"祜"为将肉烤香。因此，在历史上拉祜族被称作"猎虎的民族"。源于甘肃、青海一带的古羌人，早期过着游牧生活。后来逐渐南迁，最终定居于澜沧江流域。

作婴儿葬具。

陶器中最有特色的是一件鸡形陶壶，形若一只肥硕的母鸡，背部呈弧形，首尾自然上翘，以壶口为首，嘴部略凸出，旁饰二泥泡当双眼，背部也有两串长短不同的小泥泡，似为翅膀。"鸡"体用一丛丛点线纹装饰当羽毛。陶鸡脚短而稳，体壮而肥，造型生动。

窖穴内发现大量灰白色粮食粉末、谷壳和禾草类叶子，还在3个陶罐内发现大量炭化谷物，经鉴定属于粳稻。结合工具中有石刀和蚌刀等农具，说明大墩子史前居民的经济来源主要是稻作农业。

遗址中除发现猪、狗、牛、羊、鸡这些家畜家禽的骨骼外，还有更多的野生动物骨骼，包括水鹿、赤鹿、麝鹿、野兔、豪猪、松鼠、竹鼠、黑熊、猕猴等许多种，水生动物则有厚壳蚌、田螺和鱼骨等。

可见，狩猎、捕鱼和捞取软体动物仍然是大墩子当时经济来源的重要组成部分。

在澜沧江与怒江之间的地区，新石器时代遗址有忙怀、曼志、忙亚、忙卡、大水坪、安定、丫口、大芒介、小芒介、下景张、新寨、小田、老赵田、拉叭寨、大协厂等遗址，分别属于云县、景东和澜沧拉祜族自治县等，云县忙怀是其代表。

这些遗址大多用砾石打制石器，种类有双肩斧、靴形器、钺形器、网坠等，未见磨制石器。另有刻槽的印模，可在陶器上印出方格纹等。陶片极少，均夹砂，有绳纹等纹饰，但因陶片太碎，器形不辨。

临沧云县忙怀新石器文化遗址主要有旧地基遗址和曼干遗址，因发现于云县忙怀而得名。旧地基遗址位于离云县忙怀镇2千米的地方。旧地基遗址东西长130米，南北宽120米，面积约1.56万平方米。

临沧云县忙怀新石器文化遗址是云南省新发现的一种文化类型。

这种文化类型在澜沧江中游的临沧地区大量分布，在上游的保山、怒江及下游的西双版纳等地均有较多发现，云南临沧云县忙怀新石器文化遗址主要以砾石石片打制而成的有肩石斧为特征。

钺 我国古代武器及礼器的一种，为长柄斧头，重量也较斧更大。早在新石器时代良渚文化遗址中，已发现玉制的钺，在当时具有神圣的象征作用。后因形制沉重，灵活不足，终退为仅仅使用途，常作为持有者权力的表现之用。

■ 古人生活场景

临沧云县忙怀新石器文化遗址发掘出了石斧、石网坠、印模、陶片、石砧等文物。石器均是用鹅卵石打制成的钺形肩石斧和靴形肩石斧；云南临沧云县忙怀新石器文化遗址陶器多是罐子类，包括夹砂灰陶和夹砂红陶。陶器上的纹饰，有素面、绳纹、乳钉纹。

西双版纳地区发现的新石器时代遗址有景洪的曼蚌囡、曼运、曼迈、曼景兰、曼厅，勐腊的大树脚、卡比寒，孟连的老鹰山等多处。

这些遗址的石器均以砾石为原料，以打制为主，也有少量局部磨制或通体磨制的。种类有斧、锛、尖状器、盘状器、敲砸器、研磨器和网坠等，还有一些打剩下来的石核与石片。石斧中除普通型外，还有双肩石斧。

老鹰山是一处洞穴遗址，出土石器有磨制石斧和大量打制的网坠。陶器多夹砂者，饰绳纹、划纹、剔刺纹或波浪纹，器形有罐、钵、碗、盘等，此外还有陶纺轮。这充分说明，在新石器时代这里就有人类活动，较旧石器时代有显著进步。

阅读链接

清华洞位于云南省中部祥云县，为发现的最早的人类居住遗址之一，为滇西5000年新石器人类文明的典型洞穴遗址。

清华洞属喀斯特地形石岩溶洞，素有"滇西第一洞"之称。洞分前洞、后洞。前洞深、宽约30余米，高5米；后洞分两支，深不可测，洞内石花、石笋、石柱甚多，琳琅满目。

前洞口右侧顶穿正中，仰视见尺余椭圆形亮光通山顶，称"碟大天"。右侧有小洞3个，时宽、时窄，洞壁大洞套小洞数十个。前洞中主洞位于洞口正中。洞内怪峰突兀、石笋倒挂、悬崖滴乳、落水有声。

经考古发掘清理，在这里出土了新石器遗物多件，有梯形石斧、石凿，长条形及月形石刀、石锛等。

文化之基

　　自战国时期庄蹻建立滇王地方政权后，"南蛮之地、瘴疠之乡"行政建制和区划经过无数次的演变后，滇云的疆界逐渐行成了。在各民族融合、演变、发展中，滇人发展了独特的经济，创造了灿烂的文化。

　　在这一漫长的历史过程中，特别是在汉文化普及、坝区汉夷之间的文化差异日益缩小后，都保持着滇云之域古朴淳厚的风骨，展示着滇云之人安分守己、恪守礼教、行宜端谨、清正廉洁、耿介质直、忠勇刚烈的优秀品质。

七次远航的航海家郑和

■郑和画像

元代初年，郑和的祖先移居云南，是元代云南王麾下的贵族，时称"色目人"，世代信奉伊斯兰教。郑和原本姓马，名"和"，小字"三宝"，出生在昆阳州一个富有冒险精神的家庭。

后来，年仅11岁的马和进入南京明皇宫，在14岁那年来到北平的燕王府。燕王朱棣见马和聪明、伶俐，便把他留在身边。

为了提高亲随的文化水平，朱棣不仅挑选学识丰富的官员到府中授课，而且还让他们随意阅读府中的大量藏书。天资聪颖、勤奋好学的马和

历史底蕴

文化之基

郑和下西洋船只
复原模型

很快便成了学识渊博的人。

由于马和身材魁梧，知识丰富，思维敏捷，出色地完成燕王委派他的使命，得到朱棣的器重，"内侍中无出其右"，尤其是在帮助朱棣登基称帝的过程中，马和立下大功，更为朱棣所赏识。

1404年春节，明成祖朱棣赐马和姓"郑"，从此便改称为"郑和"。同时，升迁为"内官监太监"，史称"三宝太监"。

1405年，明成祖派遣郑和出使西洋。郑和第一次出使西洋的人员组成，主要有水手、官兵、采办、工匠、医生、翻译等27800多人。

郑和船队有240多艘海船，其中较大的船舶称为宝船。宝船最大者约长147米、宽60米，中者约长123米、宽50米；9桅12帆，16橹至20橹，舵重4810千克。

1405年农历十月，当强劲的东北季风吹起，船队

朱棣（1360—1424），是明代第三位皇帝。他五次亲征蒙古，巩固了北部边防，维护了中国版图的统一与完整。多次派郑和下西洋，加强了中外友好往来。编修《永乐大典》，疏浚大运河。1421年迁都北京，对强化明朝统治起到了非常积极的作用。在位期间经济繁荣、国力强盛，史称"永乐盛世"。

郑和（1371—1433），原名马三宝。出身云南咸阳世家，明朝伟大航海家。1404年，明成祖朱棣以赐姓授职的方式表达他对有功之臣封赏与恩宠时，马三保被赐姓郑，改名为和。任内官监太监，官至四品。在1405年至1433年间，郑和七下西洋，完成了人类历史上最伟大的壮举。

从苏州刘家港出发，扬帆驶向大海，揭开了历史性大航海的序幕。

10天后，船队到达了此次航行第一站占城新州港。在占城作短暂停留之后，船队向爪哇国南下，沿着印度半岛海岸，穿过渤泥岛西侧，顺风行驶20昼夜，抵达了被誉为"东洋诸国之雄"的爪哇。

接着，郑和指挥船队取道邦加海峡，访问了旧港、满刺加、苏门答腊、锡兰山、柯枝，最后到达当时中东贸易中心古里，完成了第一次航行的使命。

1407年秋，船队归国，随同而来的还有爪哇、满刺加、阿鲁、苏门答腊、小葛兰、古里诸国的朝贡使节。几个月后，郑和二次出海。这一次航行路线同第一次差不多，也历时2年。

1409年夏，郑和归国，明成祖没有让他休息多久，带着一身疲惫，郑和又一次统领船队，从刘家港

出发，第三次航行在东印度洋上。这一次航行仍以东印度洋为中心，并在满剌加建立排栅城垣，盖了仓库，作为海上贸易的中间转运站。

完成第三次航海返故里的郑和，度过了一段平静的日子。一年半之后，1412年冬月，明成祖下达了第四次航海的命令。前三次航海，郑和船队最远到达印度西岸的古里，主要访问的是印度洋以东的国家，这一次，明成祖敕令，要进一步向西，前往招谕忽鲁漠斯、卜喇哇、溜山、孙剌诸国。

为了这次航行，郑和做了积极的准备工作。因为西亚各国信仰伊斯兰教，郑和特意从西安请来伊斯兰掌教哈三为通译，以求交涉之便。

1413年冬，船队起航，沿着旧路，抵达古里，然后续航向西，最后到达西亚的忽鲁漠斯，奉呈国书。国王答应入贡于明。完成了使命的郑和，便开始回

掌教 回族伊斯兰教中主持清真寺教务，寺坊穆斯林的宗教首领。通常由品学兼优、具有较高威望的穆斯林学者或经师担任，一般由该寺坊穆斯林共同协商选聘。唐宋元时期，清真寺大体为卡迪掌教。明清时期大体为伊玛目掌教。清末以来为阿訇掌教。掌教称为开学阿訇或教长。

郑和下西洋浮雕

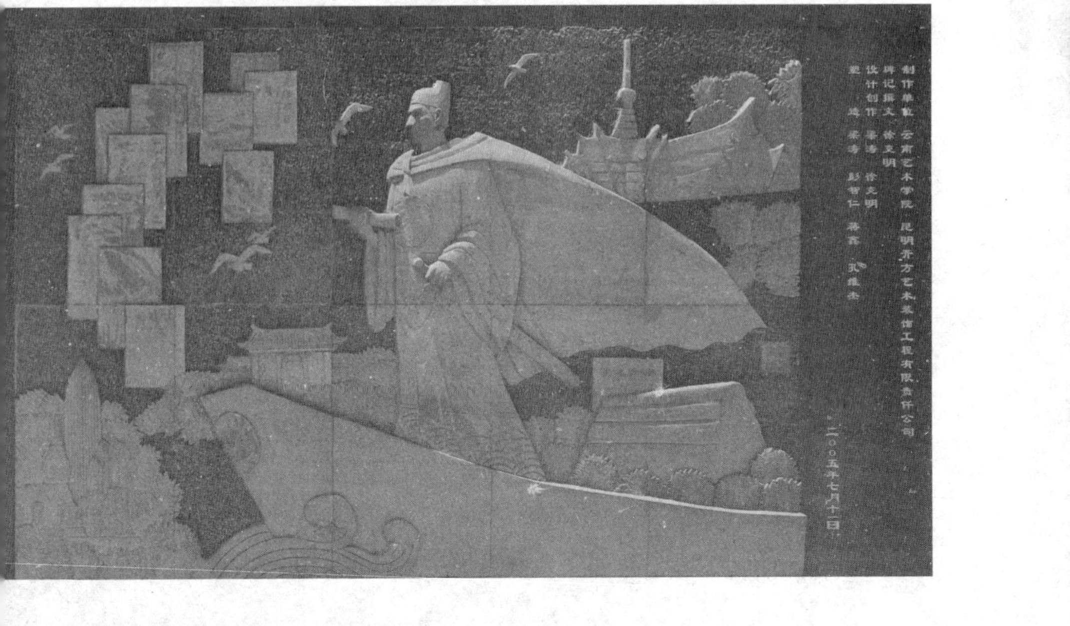

■ 郑和纪念堂

朱高炽（1378—1425），明代第四位皇帝，明成祖朱棣长子。1424年登基，次年改元"洪熙"。生性端重沉静，言行适度，喜好读书。在位期间发展生产、与民休息，为"仁宣之治"打下基础。庙号仁宗，谥号敬天体道纯诚至德弘文钦武章达孝昭皇帝。葬于十三陵献陵。

航。同时分遣船队航向更远方的非洲东岸各国去了。

1415年，郑和归国。1年后，分遣船队归国，随同归来的有溜山、木骨都束、卜喇哇、麻林、阿丹、剌撒等阿拉伯国家和东非国家的使节。

在随后的几年中，郑和又率队完成了第五、第六次航海，将明代的文化传布到了阿拉伯沿海和非洲沿海的许多国家。

1424年，明成祖驾崩，明仁宗朱高炽即位，废止了一系列对外政策，郑和航海事业告以中断。1425年明宣宗朱瞻基即位，诏令郑和出海。

1431年初至1433年，花了3年多时间，郑和船队走访了近20个国家，还特地到伊斯兰圣地麦加朝圣。这次于印度洋、波斯湾的巡航，是郑和最后一次总结性航行。

返航途中，郑和因劳累过度，于1433年农历四月初在印度西海岸古里去世，船队由太监王景弘率领返航，1433年农历七月返回南京。

郑和七次远洋航行，他开辟了21条远洋航线，总航程7万海里以上，绘制了《郑和航海图》，并在图中对航向，停泊港口、暗礁、浅滩的分布都作了比较可靠的记录，这是我国早期有关海洋地理的珍贵地图。

郑和还将他近30年的航海经验和收获，编撰成了《航海地图》和《针位编》两本书。

与郑和共同出使西洋的翻译马欢、费信、巩珍还分别著有《瀛涯胜览》《星槎胜览》《西洋番国志》。这3本书记录了他们所到之国的风土人情，是研究当时这些国家历史的珍贵史料。

郑和七下西洋，访问了亚洲、非洲等30余国，建立了邦交和贸易关系，大大促进了我国和亚洲、非洲国家的政治、经济、文化交流。

阅读链接

当郑和船队还未到达满剌加时，海盗陈祖义早就偷偷来到这里，对国王及其酋长讲："明代皇帝派郑和率领2万多官兵及200多艘战船来侵占你们国家，你们要多加提防。"陈祖义及其同伙又到乡民中造谣挑拨煽动。

于是，乡民便拿些毒药投放到郑和及其水手们在满剌加各地挖的淡水井中，毒害郑和及其水手。郑和及其随行人员喝了井中淡水而中毒，上吐下泻，后经随船医师抢救而脱离危险。

不久，满剌加遭遇干旱，老天爷一滴雨也不下，广大民众没有淡水喝，郑和发动广大海员再一次挖井取水。这时，很多当地乡民争先恐后到郑和挖的井里取水，他们再也不向井里投毒了，并且再三感谢郑和大恩大德。

后来，当地人民为了纪念郑和，把几口井命名为三宝井。

布衣隐士兰茂的卓越贡献

在明代前期的云南历史上，出了一位钦崟伟岸的历史人物，他就是云南士林人物中的佼佼者，布衣隐士兰茂。

■布衣隐士兰茂

兰茂，字廷秀，号止庵，外号和光道人、洞天风月子、玄壶子等。1397年生于嵩明杨林御守千户所。

兰茂自幼聪慧好学，16岁时，凡诗史过目辄成诵。自20岁起，兰茂因"耻于利禄，自匾其轩为'止庵'，遂不出"，整日读书写作。

自1417年开始，兰茂为治母病不畏寒暑，跋山涉水，寻医问药，钻研医学。为寻方找药，他的足迹踏遍云南，为整理单方验方，他尝百草，辨药性，明特征，绘图形。

积20年之艰辛，兰茂终于在正统年间写成了富有地方民族特色的独创性药物专著《滇南本草》。比李时珍的《本草纲目》早142年。

《滇南本草》全书约10万字，共载药物544种，半数以上为云南地方性中草药。其书体例大致为：药物正名、别名、性味、归经、功效、主治、应用、用法、附方等。书中尚有植物形态，图文并茂，纠正前人诸多谬误。

论述以临床运用为中心，附有药方500多首。这些附方既有多味药组成的复方，又有单味药组成的单方；所用药既有汤剂，又有酒、膏、丹、丸、散等。

这些药既有全国通用中药，更有云南地方性中草药；既有内服法，又有吹喉、滴耳、点眼、熏洗、敷贴等外治法；既治疗常见病、多发病，又治疗某些疑难杂症。这些附方都具有较完整的组织原则和方剂体例，独创性地把药物学和方剂学结合起来。

同时，兰茂又结合自己及弟子在长期医疗实践中积累的丰富经验写成指导诊断的《医门要览》两卷，作为《滇南本草》附篇并行于世。

■ 古代医书《本草经集注》

李时珍（1518—1593），明代伟大的医学家、药物学家。曾参考历代有关医药及其学术书籍800余种，结合自身经验和调查研究，历时27年编成《本草纲目》一书，是我国古代药物学的总结性巨著。

明代私塾塾师

在《医门要览》中，兰茂提纲挈领、简明扼要地阐述了各种常见疾病的辨证原则和具体药方，提倡诊病疗疾，不能拘泥于古人陈方，要从实际出发；临症诊断，要全面而慎思，不可自视所长而往往偏执其一；治病重视扶正培本，防微杜渐，反映了兰茂严谨的医学态度。

由于这两部书总结了明代以前云南药物和医疗的主要经验，这两部书被奉为滇中至宝，反映了兰茂在云南医药界中的地位。

在完成《滇南本草》写作之后，兰茂开始在杨林设堂讲学。因为兰茂在杨林开馆教学，之后的"云南第一所书院"碧澜书院就诞生于杨林。比昆明五华书院早3至18年，比嵩明州的嵩阳书院早300多年。

1442年，兰茂结合自己的教育实践，又写出了"应用便俗，而风行全国"的《韵略易通》。

他立足云南方言，面向全国普通话，即"尽变古法，以就方音"，将《中原音韵》的36个声母简化为20个，又把19个韵改为20个韵，形成横有20母，纵有20韵，融声、韵、调为一体的"新等韵图"，以"东风破早梅，向暖一枝开；冰雪无人见，春从天上来"的《早梅诗》加以概括，使人于悠然的诗境中，记诵了20个声母的发音。由于它切合实际，便于应用，流传很广。后来还被收入清代《四库全书》。

在同一时期，兰茂还写出了云南第一部声律启蒙读物《声律发蒙》。这是一部用韵语写成供童生学习音韵对仗的专用读本，早于李渔《笠翁对语》约200年。

《声律发蒙》一书，是一部适于幼学的声律读物。该书"吟诵之下，恍觉景物山川，皆成佳趣"。由于通俗易懂，语言精练，音律铿锵，朗朗上口，广受欢迎，因而成为当时滇中的启蒙教科书。

由于《韵略易通》"言言珠玑，句句琳琅"，《声律发蒙》"词采骀宕，裁对工稳"，"一时学者宗之"。于是，兰茂声名大震，成了当时滇中地区受人景仰的民间教育家。

1470年，兰茂在杨林庵舍中与世长辞，享年74岁。

兰茂不仅是音韵学家、教育学家、药物学家，还是一位诗人。兰

历史底蕴

文化之基

田园诗 指古代歌咏田园生活的诗歌。东晋大诗人陶渊明开创了田园诗体后，唐宋等诗歌中的田园诗，便主要变成了隐居不仕的文人和从官场退居田园的仕宦者们，所作的以田园生活为描写对象的诗歌。田园诗和边塞诗并称唐代开元、天宝年间两大词派，前者恬淡疏朴，后者雄浑豪迈。

■ 古代教育场所

茂是"古滇真名士、玄壶老诗人"。

兰茂堪称"高古可法",佳句迭出。像田园诗中的"云敛瑶山碧,农歌早稻黄",《杨林八景诗》中的"晴岚宜晚照,倒影入清波""山低月上早,风细浪生迟"等,无不体现兰茂寄情山水,热爱家乡的情怀。

兰茂赋诗自娱,表达出一种闲适恬淡的心理,也表达出对生活的信念。如《秋夜吟》中"古来耕钓间,时时未肯闲",《七十自赋十首》中"七十衰翁两丝鬓,闲游见景即成诗"和"消闲白昼书千卷,坐对青山酒一尊"。

兰茂或小酌,或出游,每到之处,见景即成诗。

在滇池畔"画"出了一幅"云迷海口,雾锁昆阳,顿忘却西湖胜景在苏杭"的滇池美景;在嘉丽泽畔,又勾勒出一幅"单舸撑来明镜里,群鸦飞入画图中"的水乡景致。

兰茂一生诗词著作颇多,以《止庵吟稿》和《玄壶集》为代表。他的诗,或写景状物,或阐述人生哲理,或抒情言志,或讽喻现实,或评古论今,风格清新,脍炙人口。

阅读链接

兰茂的诗树一代诗风,开滇诗之先河。而兰茂的剧作《信天风月通玄记》,与他的《玄壶诗》一样,代表着兰茂的理学思想。

《信天风月通玄记》共20折。说的是一个做过小官吏的风魔道士风月子,因遭人嫉妒,便修身养性,清心守神。后经"八仙"点化,得道成仙的故事。

此剧和《玄壶诗》表达的是同一观点,倡导儒、释、道"三教归一",主张修道、行善,服从天命,返璞归真;力避贪欲和忿争。

兰茂的志怪小说《续西游记》,也同《玄壶诗》和《信天风月通玄记》一样,渗透着"三教同源"的思想。

诗书画三绝的担当和尚

  在明末清初，云南出了个诗书画三方面造诣都很深且风格自成一家的担当和尚。

  担当俗姓唐，名泰，字大来。其先籍浙江淳安县，明代初年从戎云南，遂落籍。

  1593年，唐泰出生于晋宁县晋城上东街的一个书香门第之家。由于受其曾祖、祖父和父亲的影响，自幼便长于写诗。

  1605年，唐泰13岁，补博士弟子员，随父亲北上应选，诗赋文章，已崭露头角。

  1625年，33岁的唐泰赴北京应礼部试，以明经入对大廷，为士林所艳称。未中，从此便遍游祖国名

■ 担当和尚画像

山大川，寻良师访挚友。时董其昌自南京礼部尚书致仕，担当执贽于董门下，从习书画。

由于他刻苦钻研，勤于实践，广采博纳，很早就显示出艺术才华，取得突出的成就。后又谒诗人李维桢，执弟子礼。

1626年，唐泰与苍雪法师结识，二人同游虎丘。同年，苍雪法师有《丙寅白门送唐大来明经应试》诗道：

> 如君才思自风流，山色江南已尽游。
> 痛饮几回当白月，好诗多半在红楼。
> 不禁桃叶频催渡，暂借芦花一系舟。
> 走马长安春雪遍，到时应换黑貂裘。

七彩云南

滇云文化特色与形态

1628年，唐泰欲从南京回滇，值黔省安奢之乱，道阻不能归，便绕道岭右，赴空山拜访陈继儒，道："友天下士，方自此始。"是年，由湖北、湖南、贵州辗转回滇。

1630年，至浙江会稽，参云门湛然禅师于显圣寺，受戒律，法名通荷，号担当。此为担当皈依佛教之始，但未祝发。后经

■ 董其昌（1555—1636），字玄宰，号思白、香光居士，华亭人。明代书画家。擅画山水，师法董源、巨然、黄公望、倪瓒。以佛家禅宗喻画，倡"南北宗"论，为"华亭画派"杰出代表。其画及画论对明末清初画坛影响甚大。书法出入晋唐，自成一格，能诗文。

浙、鄂、湘、黔诸省，间道返滇，家居奉母。

回滇后，乡人以担当学行兼优，荐为选贡，担当辞不受选，缴还荐书，抛弃科举功名，诗、画日益精进，成为滇南名士，一时学者、官吏都纷纷与他交往。

1638年，徐霞客来游鸡足山。事先，陈眉公致信担当说："良友徐霞客，足迹遍天下，今来访鸡足并大来先生，此无求于平原君者，幸善视之。"

■ 徐霞客画像

担当接信后，天天盼望，并派人到昆访问。农历十月初，徐霞客抵昆明后，即被延请赴晋宁，两人见面十分欣慰，共道仰慕之情。

担当殷勤款待，欢聚20日，互以诗文唱和，成为知交。分手时，担当除分函沿途各地友人关照外，还赠送了旅费。

此时，正当徐霞客旅费用尽，担当的资助，解决了前进的困难，得继续西上鸡足山。担当家庭并非富裕，对友人如此慷慨，徐霞客也觉得出于望外，深受感动。

担当49岁，居昆明。50寿辰时作《壬午五十生日》诗道：

陈继儒（1558—1639），明代文学家、书画家。隐居小昆山，后居东佘山，杜门著述。有《梅花册》《云山卷》等传世。著有《妮古录》《陈眉公全集》《小窗幽记》。

■ 云南鸡足山

人生宁有几春秋，忽过半百不自由。

从此日月但西坠，何处江海非东流。

诗书凭谁可尚论，子孙于我无后忧。

窃喜腕与年俱老，独让右军岂一筹。

1647年，担当决意出家。原拟赴中原受衣钵于高僧，因间关险阻难以成行，乃往水目山宝华寺参无住洪如禅师，受戒律，取法名普荷，法号担当，意谓能担荷佛家之重任。

后住鸡足山宝莲庵建"罔措斋"养静参禅，更名通荷，自道："前普荷从戒，师无住，遵戒而不嗣法。今名通荷，从先师云门嗣法。"

虽出家为僧，担当并不坐禅，不上堂说法，唯以诗词书画自娱，绝口不谈世事，一时名士如陈翼叔、何彬元等与之往来唱酬。

水目山 是我国开创较早的佛教圣地之一。813年，南诏国国王劝龙晟下旨，由禅宗第九代传人普济庆光禅师到水目山开山建寺。此后，历代出佛产祖，高僧云集，万众皈依，鼎盛时达3000和尚、800尼姑。

担当在此时期创作了不少的诗文楹联。楹联如：

　　枝头流水有渊源，万古七人，前当证祖，后当证祖；

　　洞口清风透消息，千僧一喝，老也传宗，少也传宗。

鼎足中原，只这鹿苑家风，与天目相为伯仲；
侧身上界，此去鸡足咫尺，较华首更觉孤高。

■ 担当草书书法

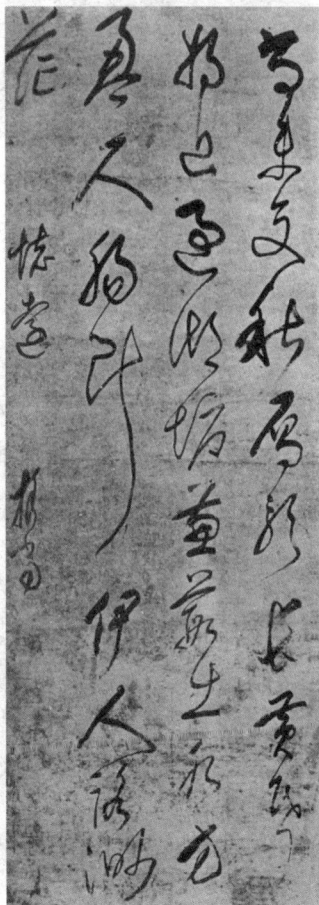

有诗道：

山似莲开不染尘，一灯祖意万年新。
借风投足嗖嗖冷，以水传心滴滴真。
过去四元无别路，未来之外属何人。
劝僧莫学金钩系，切恐头颅误此身。

　　担当和尚对水目山有着深厚的感情，不管是在宾川鸡足山，还是在大理感通寺，担当和尚将他的激情，融入他的诗画当中。

　　特别是担当和尚所作的《山茶花》诗，表现了水目山宝华寺里的那棵九蕊十八瓣的山茶花的气势：

冷艳争春喜灿然，山茶按谱甲于滇。
树头万朵齐吞火，残雪烧红半个天。

担当和尚雕像

担当和尚从不掩饰自己的内心活动，诗画表现心迹，70岁时他作诗道：

春来无日不狂游，笑折名花插满头。
一自为僧天放我，而今七十尚风流。

把茅及僧徒建担当灵塔于点苍山佛顶峰下，担当友人天台冯甦作《担当禅师塔铭》。

1673年，担当卒于感通寺，世寿八十有一。卒前说偈道："天也破，地也破，认作担当使错过，舌头已断谁敢坐。"并嘱把茅道："吾死之后，吾之墓表得题'明遗僧普荷之墓'足矣。"

七彩云南

滇云文化特色与形态

阅读链接

担当不仅仅是一位诗人，他还是一位画家。担当的画在接受传统画法的基础上又有所创新。他把受泰州学派影响铸出的桀骜不驯的性格泼洒在书画中，显得笔恣墨纵、自由豪放、不拘一格。

"画似形似觅，未免学儿童，墨烂毫枯后，方才见古风"的诗句，便是他鄙视一味求形似不求神似，而主张写意传神的高度概括。他擅长山水画，其代表作《一筇万里》长卷，气势深厚，韵味潇洒。

此外，担当的书法，有唐怀素之风貌。他善草书，运笔清挺，奔放豪逸，风高骨洁，笔古神清，有师承而又独树一帜。孙髯翁在《吊担当上人》中道："儒生而墨者，酒客亦诗仙。"

民族风貌

　　自新石器时代开始，滇云先民就创造出了具有鲜明民族特色的绘画、雕刻、工艺、建筑等艺术形式，如沧源崖画、青铜雕塑、碑刻艺术、丽江壁画等。

　　这些色彩多姿、内涵丰富的艺术作品，展示了滇云地域各时期各民族的多元审美风格和审美模式，强烈地反映着各时期各民族的文化风貌。

　　滇云文化中的音乐、舞蹈等艺术形式的各方面也都印上了鲜明的民族艺术特征，使其具有了更为多姿的色彩和丰富的内涵。

古老悠久的沧源崖画

早在新石器时代，滇云先民就攀缘崖壁，用赤铁矿粉调拌着动物的鲜血，涂抹出滇云最古老的绘画作品，沧源崖画、耿马崖画、它克崖画、怒江崖画，于万山群中，星星落落，形成了滇云境内规模最大

沧源岩画

的原始画廊。

■ 沧源岩画

灰色石灰岩石壁上画有赭红色的画图，当地的佤族人称为"染典姆"，意为岩石上的画。岩画又称崖画。崖画上的人物图像，被佤族人们奉为"仙人"。

千百年来，每逢旱季或年节，佤族和当地居住的其他民族都要到岩画地点举行庄严的祭祀活动，点燃香烛，摆上象征吉祥的祭品，祈求风调雨顺的好年景。

沧源崖画是我国最古老的崖画之一，产生于3000多年前的新石器时代晚期。沧源崖画随日照时间、天气阴晴、干湿冷暖等因素不断地变幻色彩，当地佤族和傣族人说它是"一日三变，早红午淡，晚变紫"。

沧源崖画主要分布于云南临沧沧源县的勐来乡、丁来乡、满坎乡、和平乡和耿马县的芒光乡等地东西长约20千米的范围内，一般均在海拔1.5千米左右的山崖上。

佤族 是云南省的古老民族之一，主要分布区在澜沧江和萨尔温江之间的怒山山脉南段展开地带。佤族的口头文学丰富多彩，千姿百态，涉及人类的诞生、万物的生存、婚丧礼俗、生产生活等众多的方面，是我国少数民族文学艺术中的独具一格的奇葩。

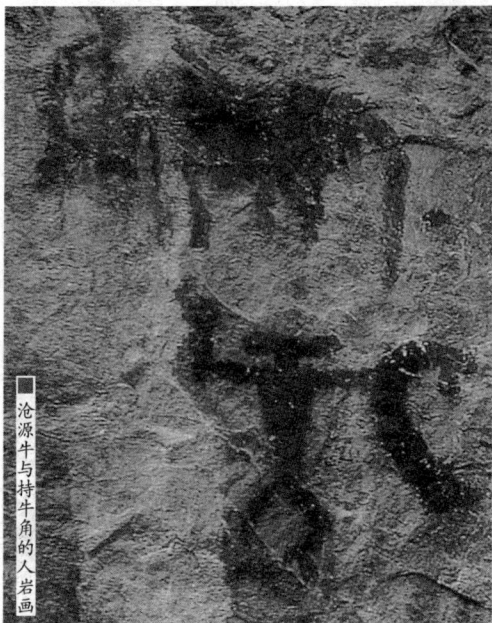
沧源牛与持牛角的人岩画

在沧源县城北约20千米处的勐来乡民良下寨，这里的崖画分布范围最大，图形最多。这面崖壁，表面较为平整，上部有岩厦，崖面上绘有人物和动物。

在民良下寨崖画点，表现最多的内容是狩猎。顽皮的猴群在一条"V"形的藤条上上蹿下跳，有的人手持牛角号，有的人拉弓射箭，有的人执棍棒与野兽搏打。在崎岖不平的山路曲线上，有3只长尾动物在行走，2位猎手埋伏在两侧，呈侧卧，引弓待发。

在这个崖画点，还有反映原始自娱性质的舞蹈，在一条代表地面的横线上，站着6个人，3人一组，组间有一定距离，6人一律左臂高举，右臂下垂，身体倾向右方，双腿分开，动作十分整齐。此外，还有反映原始宗教内容的"猎首舞"和"猎牛舞"。

沿勐董河谷北上可到达丁来乡崖画点。其中一幅村落图很有趣味，它画了一个长圆形代表村寨的范围，里面有14座干栏式建筑，村外还有1座。

村寨外画了几根线，大概是表示弯弯曲曲的道路，路上有众多的人，或驱赶猪、羊等动物，或肩扛东西，从四面八方云集村寨。寨内有人舂米，可能要举行一次宴会。寨外有一所小房子，高居树上。

这幅崖画里有两个人物特别醒目，一个人遍体旋涡状的图案，未着衣裤，表现了其文身；旁边那个人的胸部还纹有几何图形。

在沧源崖画可辨认的约1100多个图形中，人物形象最多，约占74%；动物次之，约占17%；其他为房屋、装饰图案或表意符号。另外，还有少数的树木、舟船、山崖、太阳以及手印等。

沧源崖画具有特殊的风格。崖画的多数图形使用平涂的"剪影式"画法，而辅之以简单的线条。画人物遵循明显的"正面律"，绝少画侧面的人。动物的画法，则与此相反，全是侧影。

画人物、动物均不绘出细部，仅绘其轮廓，并强调某一富有特征的器官。画动物很注意强调角、尾、耳等特征，牛突出了牛角，猴子突出了下巴，鹿有明显分叉的角……象的长鼻、猪的肥壮，表现得尤为生动。

人物的五官并不画出来，只有头、颈、躯干和四肢；男性突出了生殖器，女性则突出乳房或大肚子；而且人体躯干一般画成简单的倒三角形。倒三角形人物也成了沧源崖画的标志。

人物四肢的画法则变化多端。通过手臂和下肢的不同姿态，即可看出人们站立、行走还是疾跑。再加上手中所持之物及与周围图像的关系，可以进一步看出从事什么活动，如有牵牛的人，狩猎的人，拿矛的人，持盾的人，带弓的人，射箭的人，等等。

尽管沧源崖画画法

干栏式建筑 是我国南方少数民族的建筑风格，古时流行于南方百越民族的居住区，这种建筑以竹木为主要建筑材料，主要是两层建筑，下层放养动物和堆放杂物，上层住人。最早的干栏式建筑是河姆渡干栏式建筑。干栏式建筑可以防震。

■ 沧源奇异人物岩画

简陋，技巧也很稚拙，却能生动地表现出要表现的内容。

沧源崖画所反映的内容大部分是狩猎画面：人们以弩弓射猪，或手持牛角围猪。还有一部分表现了舞蹈或某种仪式情景：人们身披羽衣，头插羽毛或手执盾牌，做出舞蹈姿态，有的还夹杂一些类似杂技表演的场面。崖画中还反映出先民们岩洞、巢居、干栏式的简陋房屋，并开始有村落。

沧源崖画内容丰富多彩，图像千姿百态，涉及了原始社会生活的各个方面，造型十分生动，可谓是云南各民族原始社会的百科全书，一幅完整记载古代历史、社会、生活、习俗的画卷，对研究我国西南边疆古代民族的历史、宗教及文化艺术提供了形象的资料。

七彩云南

滇云文化特色与形态

阅读链接

它克崖画位于云南省中南部元江县青龙厂镇它克村东北面的扎营峰南麓，崖画长19.5米，高3米。画用赭红色绘成，画中有可辨认图像109个，约有1/3的图像部分被剥蚀。图像中人物最多，符号次之，动物最少。

人物一般有女性、男性、蛙人。女性人物多数以母性崇拜物为主体，用抽象写意手法绘制，形象威猛而神秘。男性多数涂成"V"字剪影形，四肢富于变化，形体比女性小。蛙人身体有2至5条纵纹，各种神态跃然壁上，可能是被崇拜的蛙神。舞蹈图像和狩猎图像反映了原始社会先民的生产、生活习俗以及生殖崇拜等。

它克崖画对于研究原始社会生产、生活、科技、艺术及民族起源有较高价值，为研究新石器时代社会生产、生活、宗教及民族起源等提供了宝贵资料。

独具特色的青铜文化

早在公元前6世纪至公元前5世纪，在云南高原内陆湖泊周围的河谷坝子，以滇池、洱海为中心，存在着一种具有鲜明地方特点的青铜文化。

当时的云南古先民们利用铜锡合金铸造了包括兵器、生活用具、生产工具、乐器及精细装饰品在内的丰富多彩的青铜器。

云南出土的战国青铜立牛贮贝器

洱海区域出土青铜器的遗址主要有剑川海门口、祥云大波那、大理鹿鹅山、巍山营盘山、宾川夕照寺、姚安羊派水库、楚雄万家坝、大波那等处。其中铜石并用的剑川海门口遗址是青铜文化的最早代表，也是云南最早的青铜时代村落遗址。

■ 云南万家坝出土的青铜鼓

七彩云南

滇云文化特色与形态

编钟 古代大型打击乐器。兴起于西周，盛于春秋战国直至秦汉。我国是制造和使用乐钟最早的国家。由若干个大小不同的钟有次序地悬挂在木架上编成一组或几组，每个钟敲击的音高各不相同。由于年代不同，编钟的形状也不尽相同，但钟身都绘有精美的图案。

剑川海门口遗址出土的14件铜器，呈紫红色，含锡量较少；器形有斧、钺、刀、凿、鱼钩等，造型朴实粗糙，除少数器物上有简单的纹饰外，大都为素面。

可见，当时还处于青铜时代初期。此外，还发现了半块陶范，范上花纹与一把铜斧花纹相吻合，标志着当地冶金术的发展。

滇云青铜时代中期以楚雄万家坝和祥云大波那为代表。楚雄万家坝以其丰富的青铜随葬品而闻名。万家坝出土的青铜器中，最为珍贵的是5件铜鼓，显示了铜鼓产生的初期阶段所具有的原始性。

虽然制作还比较粗糙，但已形成了铜鼓的基本形态。鼓面较小，鼓身明显分作胸、腰、足3段。胸部突出，腰部收束，足较矮，内沿有折边，在胸腰交接处有4个小的鼓耳。

整个器形古朴厚重，花纹粗糙，鼓面有简单的太阳纹，有的太阳纹像一个圆饼，有的在圆饼形外加了几道光芒，没有晕圈。鼓腰有回字形的雷纹和竖直的线条，但鼓的内壁却装饰着简单的菱形网纹、羽纹、四足爬虫纹。

万家坝还出土了1套青铜编钟，共计6枚，外形如铃，断面呈核桃状，纽似双角向外侧翘出，与中原地区的编钟不同之处在于，中原地区的编钟每套均为奇数。

编钟本属中原奴隶主的庙堂乐器，用以明身份、标等级。万家坝编钟也具有同样性质，但造型具有自己的民族特色。

祥云大波那雕花铜棺以其精美的工艺享誉海内。铜棺重达2571千克，长2米，宽0.62米，高0.82米。外形仿一"人"字形两面坡顶的干栏式房屋建筑，由7块可拆卸的青铜板斗合而成，棺壁外表两侧铸满云雷蛇纹，即组成云雷纹之回纹中心均为一蛇头。

棺盖外表铸有鸟兽纹，主题为二虎噬一猪，周围有鹰、燕、豹、水鸟等向上做升腾状，具有明显的原始宗教意味。

铜棺铸造工艺高超，纹饰精美，为多注口同时浇铸，反映了战国早期洱海地区，青铜器铸造技术已发展到相当高的水平。铜棺内葬有一根象征墓主身份和权力的豹头铜杖，是云南最古老的一根古代权杖。

这两处遗址的青铜器已广泛使用在生产、生活、战争、娱乐、礼仪、丧葬等各方面，证明了洱海地区青铜文化在战国时已处于鼎盛时期。

而大型铜棺的出土，反映了战国初期洱海区域青铜铸造技术已达到相当高的水平，并透露出当时冶铜手工业作坊已具有较大的规模，中期的青铜工艺比早期的青铜技艺已有了

云雷纹 常作为青铜器上纹饰的地纹，用以烘托主题纹饰。也有单独出现在器物颈部或足部的。盛行于商代和西周，春秋战国时期仍见沿用。在粤系的铜鼓上，云雷纹是作为主导纹饰应用的，常见密布于鼓面中心太阳纹的周围，象征太阳与云雷共存于天际，这是南方民族对云雷崇拜的一种反映。

051

多姿多彩

民族风貌

■ 云南祥云大波那出土的青铜鼓

■ 云南出土的四人缚牛青铜扣饰

滇池 位于云南省昆明市的西南方，古代称为滇南泽，又称作昆明湖。它是云南省最大的淡水湖，我国第六大内陆淡水湖。四周有许多名胜古迹，包括大观楼、盘龙寺、寨山滇王墓等，加上四周山清水秀，因此有"高原明珠"的称号。

长足的发展。

滇池区域的青铜文化，主要分布在滇池和星云湖沿岸，发掘于晋宁石寨山和江川李家山的古墓葬便是其代表。两地发掘清理的墓葬有100余座，出土青铜器8000余件，在整个云南所发掘的青铜器中占较大的比重。

总的来看，滇池区域青铜器种类繁、数量多，制作工艺精湛，这都是洱海青铜文化所不及的。其代表性器物有：猪搏二豹镂花铜饰物、牛虎铜案、梯形铜斧、阔叶形铜锄、无格剑和一字格铜剑、柳叶形铜矛、宽边铜镯等，这些青铜器的器形、纹饰和洱海青铜文化有较大的差别。

石寨山出土的"猪搏二豹镂花铜饰物"，以生动的造型表现了两只豹子和一头野猪搏斗瞬间的情景：两只凶猛的豹子从野猪的前后夹击，欲置野猪于死地。但野猪以其强健的身躯将一豹压倒，这时另一只豹从右后侧猛扑野猪背，使野猪顾此失彼。

古代匠师在表现这场惊心动魄的搏斗时，在构图上作了精心安排：野猪向前猛扑，被压倒的一只豹拼命挣扎，尽力扭转头部和从后面扑上野猪背的另一只豹子相呼应，把矛盾的焦点集中到三只动物的头部，收到对立统一的效果。

野猪、豹的脚下是一条代表土地的长蛇，将重叠着的三者从脚下联结起来，使整个构图具有一种向前翻滚的运动感。

在造型上，作者以夸张而又概括的手法，准确、生动地塑造了每个动物在搏斗时的神情和动态，把动物性格表现得十分充分。

那只扑到野猪背上的豹突出它粗壮的四肢而收细了躯干，一条极富弹性的尾巴向上卷曲着，沿脊梁延伸到头部，形成一条"S"形的曲线，产生出鲜明的节奏感，增强了作品形象的感染力。

作品在细部刻画上较生动，扑在野猪背上的豹在搏斗中占了上风，嘴巴张到最大限度，眼睛暴突于眼眶之外，豹爪有力地抓在野猪背上，刻画出了豹子的凶残性格。

被野猪扑倒在地的豹从它那放松了的爪子和半张的嘴巴，可看出已失去了先前的威风，尽管处于劣势，觊于反扑的企图却从它的神态

■ 石寨山出土的二豹噬猪铜扣饰

上活生生地传达出来。

至于野猪，由于腹背受敌而怒不可遏，它双目圆睁，鬃毛倒竖。这些细部的刻画和整体特征有机地结合在一起，使形象更典型、更集中，从而达到精练而不单调、丰富而不烦琐的艺术效果。这件作品以其高超的雕塑技艺成为滇云青铜艺术中"兽斗"题材的代表作。

李家山出土的牛虎铜案是云南古代青铜文化的杰出代表。此铜案为古滇战国时期青铜材料铸成的案祭礼器。

其造型由二牛一虎巧妙组合而成。以一头体壮的大牛为主体，牛四脚为案足，呈反弓的牛背作椭圆形的案盘面，一只猛虎扑于牛尾，四爪紧蹬于牛身上咬住牛尾，虎视眈眈于案盘面。大牛腹下立一条悠然自得的小牛，首尾稍露出大牛腹外，寓意了大牛牺牲自己而保护小牛。

牛虎铜案中的大牛颈肌丰硕，两巨角前伸，给人以重心前移和摇摇欲坠之感，但其尾端的老虎后仰，其后坠力使案身恢复了平衡。大牛腹下横置的小牛，增强了案身的稳定感。

■ 李家山出土的牛虎铜案

此铜案是滇国青铜器中较大的一件，其特殊的组合造型使整个铜案重心平稳，大小和谐，动静均衡统一。也因其奇特造型，新颖构思，既有中原地区四足案的特征，又具有浓郁的地方特点和民族风格，此铜案达到了极高的艺术境界，极具艺术观赏价值。

此外，石寨山出土了特殊器物"贮贝器"，上面铸有各种人物活动图，如祭祖、战争、纺织、农耕等场面。这些青铜器工艺精湛、造型优美、装饰华丽、雕铸生动、风格独具，是罕见的古代工艺品。

■ 石寨山出土的青铜贮贝器

灿烂辉煌的云南青铜文化与雕塑艺术，是古代滇云先民们自己不断创造的结果，也是吸收先进中原文化的结果。

它对先民们经济生活、精神文化和生活习俗的生动展示，不仅显示了其高超的艺术水平，丰富了中华民族的历史文化宝库，而且是研究滇云历史的宝贵资料。

阅读链接

云南省大理州剑川县海门口遗址在甸南镇天马村东北方，距剑湖湖尾间250米处。在长140米、宽20米范围内小面积清理，遗址中发现住房桩柱224根，均为松木，出土器物多在桩柱之间。桩柱排列不规则，每隔一段即成一排。

发现文物近千件，除了14件铜器，还有陶器475件，石器169件，骨器六七十件。陶器有夹砂和硬陶两种，前者皆手制，后者皆轮制，且有花纹。陶器很少完整，其中以网坠为最多。

石器有斧、锛、凿、刀、镞、锥、环、纺轮、磨石等。石刀全部穿孔，有单孔、双孔，也有磨槽后穿孔的。骨角器有针、锥、纺轮、穿孔兽牙、穿孔骨片等。此外，遗址中有4处发现谷物，出土时均呈黑色。

璀璨辉煌的碑刻艺术

公元前109年，以汉武帝建置益州郡并赐滇王金印为标志，云南与中原之间经济文化逐渐频繁。中原地区的碑刻艺术也随着汉朝与古滇国之间的交流而传入云南境内，并在与本地文化进行融合的基础上，形成了璀璨的本地碑刻艺术。在诸多的碑刻作品中，其中孟孝琚碑、大小爨碑、南诏德化碑最有特点。

滇王金印

孟孝琚碑出土于昭通城东5千米的白泥井，后移置城中凤池书院，嵌于壁中，建汉碑亭保护，是云南最早的碑刻。此碑是研究西南古代民族史的珍贵实物资料。此碑上截已缺，下截完整，左有龙纹，右有虎纹，下刻龟蛇图案。残碑高1.33米，宽0.96米，碑文共15行，每行残存

多姿多彩 民族风貌

■ 爨龙颜碑

21字，以文意推之，每行上缺7字。

碑文叙述严道君的曾孙、武阳令的儿子孟广宗12岁随父到武阳学《韩诗》《孝经》，博览群书，改名孟旋，字孝琚，未婚而死。其父的下属官员刻此碑送孝琚归葬朱提祖茔，以纪念死者，安慰亲属。

孟孝琚碑被誉为"滇南瑰宝""稀世之珍""古汉碑第一"，为之题跋者多至数十家。

大小爨碑，即爨龙颜碑和爨宝子碑，被誉为"正书古石第一"和"云南第一古石"。

爨龙颜碑在陆良县东南15千米贞元堡斗阁寺内。碑立于458年。碑高3.38米，上宽1.35米，下宽1.46米，厚0.25米。碑文24行，每行45字，遗存文共900余字。碑阴题名3列，存文312字。

碑文追溯家世，记述爨氏进入云南的经过，重点叙述了爨龙颜的为人及其政绩，为南中大姓的渊源及发展演变提供了有力的证据。

汉武帝（前156—前87），西汉第七位皇帝，于7岁时被册立为太子，16岁登基，在位达54年。他雄才大略，文治武功，功绩显赫，和秦始皇被后世并称为"秦皇汉武"，被评价为我国历史上最伟大的皇帝之一。

爨龙颜碑词采富丽，文笔凝练，富于感情。碑文书法笔力雄强，结体茂密，继承汉碑法度，有隶书遗意，运笔方中带圆，笔沉毅雄拔，兴酣趣足，意态奇逸。该碑最早记录于元代李京的《云南志略》，其后湮没，清道光年间阮元访得，其后著称于世。

爨宝子碑立于东晋"大亨四年岁在乙巳四月上旬"。1778年，小爨碑出土于曲靖县城南35千米的杨旗田，1853年移往城内武侯祠，后建碑亭保护。碑高1.83米，宽0.68米。碑文13行，行30字，加碑末13名官员的题名，共388字。

小爨碑字多别体，文辞古雅，文体别致，有"六朝风味"，被称为"南碑瑰宝"。其字体在隶楷之间，结构古朴，方笔有劲，拙中带巧，古气盎然，前人多有所称道。

清代康有为赞其书法"朴厚古茂，奇姿百出"，为"正书古石第一"；李根源称其"下笔刚健如铁，姿媚如神女"；并说"新会黄炳堃临数十年，仅得笔似，余无所知"，为历代书家所极推崇，研究者也不下20余家。

爨宝子碑在晋碑中特点突出，独树一帜，书体在隶楷之间，相比之下隶意还相当浓厚，有的字甚至全用隶书笔法书写。

但是，爨宝子碑的"隶"，已不是前后汉之隶，扁方的字形已变为正方和长方，蚕头雁尾的长横演变

李京 1301年，由枢密院宣慰乌蛮等地，寻升乌撒乌蒙道宣慰副使，佩虎符，兼管军万户府。以疾归，集其见闻撰《云南志略》四卷。李京《云南志略》为元明以来云南志书之最早，为后世记述云南事略所本。

康有为（1858—1927），广东省南海人，人称康南海，清代政治家、思想家、教育家。著《春秋董氏学》《孔子改制考》《新学伪经考》等。

为两头上翘的方头长横，隶书独特的波磔、掠点为新的直曲运用和三角形点所取代。可以说，这种似隶非隶、似楷非楷的正书，在笔画、结体、章法方面都表现出独特的"小爨"风格。

首先，小爨碑的笔画均粗重厚实。它的点，是轮廓分明的三角形，不像隶书和楷书那样用毛笔随意点成的粗细椭圆点，因而显得雄强沉稳。

但是，三角形的放置方式却又各有不同，有的底下尖上，十分平稳坚实，有的却又尖下底上甚至斜置，却又显得跳跃灵动。它的长横两头呈上翘的飞扬之势，短横一般为平正的方头；直竖和撇捺收笔时转向加力，弯勾成方角形，力度突出，动感强烈。

总之，爨宝子碑的笔画颇具特色，端部的大胆夸张和曲直的灵活运用，加上点、勾的特殊形态，是它在用笔方面的主要特点。

其次，汉字结构讲究左右匀称，上下平稳，外方内圆，轻重适度。在此基础上，隶书、楷书都形成了各自的一些法则。而爨宝子碑的结构蔑视成法，任意为之，按照自己的理想和追求把结构中的某一部分随意夸大，使其在空间和力度上都明显地压倒其他部分；被挤压的部分只得随之缩小，甚至减去笔画。

这样一来，爨宝子碑的不少字或是显得头重脚轻，或是显得头轻脚重；或

059

多姿多彩 民族风貌

■《爨宝子碑》局部

■《爨宝子碑》局部

阁罗凤（712—779），又作觉乐凤，南诏第五代王。其父皮逻阁在唐王朝的扶持下统一六诏，受唐朝封为云南王。748年皮逻阁死，阁罗凤便继位，袭封。在其父去世前，他已参与平六诏的活动，即位以后，继续发展势力，并控制着滇东地区。

是左小右大，或是左大右小；不该歪斜的偏歪斜，应该一致的却显差异。有的字，简直到了结体"适当"的程度，就像初学者随意写来，稚拙之气喷涌扑面。

最后，爨宝子碑创造了一个大小交错、正斜互补的正书章法。作为正书，字要大小一致，横平竖直，行距间隔井然有序，字上千万而规矩不改。

爨宝子碑书法属于正书，但它却全然不顾这一套，字任其大小，没有一定之规，取决于作者的心意和笔画的多少，有的字竟大于别的字的两三倍。以每行中线而论，有的字正，有的字斜，稳定和不稳定的因素在每行中同时存在。

但是，正是这种不顾字体大小，不管行间斜正的任意为之，却创造了一种特殊的大小交错、正斜互补的正章书法，表现出爨宝子碑独特的审美追求和艺术价值。

总的来看，结合笔画、结体、章法各点，爨宝子碑正是通过局部的夸张、强调、变形，推向极端，构成各种矛盾和冲突，然后在矛盾和冲突中求得一种交错、互补、动态的平衡，造成了它稚拙质朴、俊逸奇险的审美特点。

一方面，它不事雕琢，不守法度，意到笔随，自然天成，使整篇作品天真稚拙、粗粝质朴；另一方面，却又因无羁无绊，胸间意趣，飘然而出，奇姿怪态，出乎所料，造成一种沉雄坚挺、跳跃灵动的气氛，从而显示出自己的特点和魅力。

"二爨"不仅代表着魏晋南北朝时期云南书法的最高水平，也是我国书法艺术中的精品。

南诏德化碑矗立在大理太和村西面的南诏太和城遗址内。碑高3.02米，宽2.27米，厚0.58米，正面的正文41行，约3800字；背面的职衔和姓名11行，约1000余字，全碑总计5000余字。

碑中记述了南诏的政治制度、经济状况和天宝战争的起因和经过，表明了阁罗凤对唐朝的友好愿望。

碑文结构严密，辞藻富丽，叙事委婉曲折。句式骈散交替，灵活自如，警句时现，为唐代滇文的杰作。

阅读链接

元世祖平云南碑位于大理苍山龙泉峰麓的三月街旷坝上，是元大德年间，为纪念元世祖平云南的业绩，主管云南的官员奏请刻石记功，钦命翰林学士程文海撰文，立于苍山脚下忽必烈曾驻跸过的地方。

该碑通高4.44米，宽1.65米，立于巨龟背上，青石，分上下两节，中有石条挡护，边有石框镶砌。碑额为大理石，雕二龙戏珠，背刻三坐佛，额为篆书"世祖皇帝平云南碑"。

上石背刻"大理路军民总管府立"等字及立碑执事题名。碑文1300余字，上半截字迹基本完好，下半截字迹已损过半，以右为甚。

碑文叙述了元世祖平云南的经过及建立云南行省的情况，对研究元初云南的政治、军事有重要的价值。

规模宏大的剑川石窟

在剑川县城西南25千米处有座山，因山上的红砂石呈龟背状裂纹，如狮似象像钟，得石宝之名。这里林木茂盛、石趣无限，庙宇别致，景色独特，尤以开凿于唐宋年间的石窟和摩崖造像而声名久远，享有"西南敦煌"的美誉。

石宝山石窟第一窟

石宝山石窟为南诏、大理时遗刻，间有少数元、明造像。这些石窟分布在石宝山脉的石钟寺、狮子关、沙登箐3处，绵延六七千米的地带，约造像140躯，碑碣5通，造像题记和其他题记44则。

窟内造像有本生、佛、菩萨、明王、天王、头陀僧等，具有浓厚的密宗色彩。少数洞窟如"华严三圣"窟、"维摩诘说法"窟，反映

了内地显宗的影响。

　　这些石雕形象逼真，内容丰富，造像题材独特，具有鲜明的民族个性和长久的艺术生命力，既是南诏、大理时期的雕刻艺术精品，也是我国佛教艺术的瑰宝。

　　石钟寺第一窟为"异牟寻坐朝图"，雕9人，异牟寻端坐中间，头上戴着头囊。一清平官手持赤藤杖立身后，窟门两侧还对坐清平官二人，年龄一老一少，着汉官服饰，短翅璞头。窟左还雕有南诏时期的一天竺僧人像。

　　石钟寺第二窟为"阁逻凤议政图"，共雕16人，是石窟群中雕像最多的一窟，整窟雕成一座华贵的殿堂，窟外檐浮雕三重：第一重雕瓣状花纹，第一重雕连珠纹，第三重雕垂帐纹。下面还雕出卷起一半的幔幛，生动逼真。

　　窟内石座上雕一把龙椅，左右两端雕龙头，南诏

敦煌 位于河西走廊最西端，在我国古代通往西域、中亚和欧洲的交通要道丝绸之路上。文化灿烂，古迹遍布，有莫高窟、榆林窟、西千佛洞等主要历史文化景观。莫高窟又名敦煌石窟，素有"东方艺术明珠"之称。

多姿多彩 民族风貌

七彩云南

滇云文化特色与形态

■ 剑川石钟寺第二窟

王阁罗凤端坐龙椅上，戴更为华丽的头囊，王座前雕有蹲伏着的一狮一虎。

阁罗凤左侧雕有6人，分别握剑、执扇、执旗；右侧雕7人，也分别握剑、执旗、执扇，其中6人站立，唯有一僧人坐在椅子上，着袈裟，执念珠，椅子后有一人为其撑曲柄"杠伞"。靠近窟门处也雕两位清平官对坐。

两窟雕塑从殿堂布局、人物身份、仪态看，确乎是南诏王坐朝与群臣议政的图像。从雕塑艺术的手法和风格来看，多数用浮雕，也有圆雕和浮雕相结合的手法，在表现背景的旗帜上用线雕。

石雕中清平官长袍的线条雕得非常细密，衣纹流畅，衣服紧贴肌肉，衣薄透体，褶纹稠叠多皱，就像是从水里捞出来的似的，有北齐画家曹仲达的表现风格。其次是在雕像中出现最多的宗教人物，如观音、阿难、文殊、普贤等。

石钟山第三窟为"地藏像"，雕头戴宝冠、上罩斗篷、两耳佩环、手执念珠的地藏菩萨坐像。第四窟为"释迦牟尼佛像"。第五窟为"达摩像"，达摩似做沉思状，并有樵夫、琴童等世俗人物和猴、马等动物。第六窟为"八大明王"。

达摩 是我国禅宗的始祖。生于南天竺，刹帝利族，传说他是香至王的第三子，出家后倾心大乘佛法，出家后从般若多罗大师。于南朝梁武帝时期航海到广州，至南朝都城建业会梁武帝，面谈不契，遂一苇渡江，北上北魏都城洛阳，后卓锡嵩山少林寺，面壁9年，传衣钵于慧可。后出禹门游化终身。

第七窟为"甘露观音"，头戴化佛冠，袒胸披璎珞，胸口上有一长方形洞，右手执柳枝，左手托钵，左右各侍立一位捧瓶女供养人。这尊被称为"挖心观音"的雕塑，雕刻得容貌端庄，雍容大方，善良慈悲，圆圆的脸型，胖墩墩的身材，颇有唐代遗风。

而石钟寺第八窟被称为"阿央白"的雕像为一具女性生殖器，它被供奉在庄严的佛像旁得到众人的跪拜，反映了当时大理地区的女性生殖崇拜的情况。

沙登村石刻在古道两旁的山石上，有石刻4处，分别雕出弥勒佛、阿弥陀佛、天王等。刻于841年。沙登村后的佛龛浅而无饰，佛头都是螺状高髻，面部圆满，具有盛唐风格。

狮子关石刻共有3处。其一是《细奴罗全家福》，其王其妃二人袖手盘坐，容貌端庄、体态丰满、强健有力，带有山民特有的质朴风姿。室内陈设简朴，切近史实。其二是刻在狮子关峭壁上的人像，俗称"酒醉鬼像"。其三是雕在从狮子关去石钟寺路旁巨石上的"波斯国人像"。

曹仲达 南北朝北齐画家。擅画人物、肖像、佛教图像，尤精于外国佛像。所画人物以稠密的细线，表现衣服褶纹贴身，"其体稠叠，而衣服紧窄"，似刚从水中出来，人称曹衣出水，与唐代画家吴道子的吴带当风画风并称"画史"。

■ 剑川石钟寺第三窟

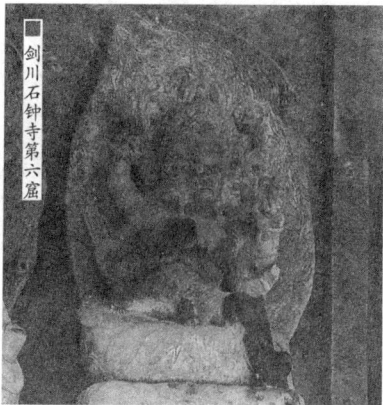
剑川石钟寺第六窟

在剑川石窟中，雕像最多的是宗教人物，如观音、阿难、迦叶、文殊、普贤、八大明王、多闻天王、增长天王等。这些形象，大都雕刻精细，形象生动，各有个性。比如，同是观音，在雕刻家的手下，形象各不相同：有悉面观音、甘露观音、细腰观音等。

与石宝山石窟相邻，尚有剑川金华山的天王像摩崖，晋宁县西南将军洞亦有天王像摩崖，这些摩崖多属南诏至大理国时期的雕刻作品。

剑川石窟是云南现存规模最大、保存较完好的石窟群，是一部雕刻在"石头上的南诏大理国历史"，具有较高的历史、艺术价值。

七彩云南

滇云文化·特色与形态

阅读链接

云南省昆明市安宁法华寺石窟与剑川石宝山早期石窟风格相同。石窟群依山开凿在陡峭悬崖上，有4区：

第一区共有2龛，左龛为观音足踏莲花，右龛菩萨盘膝坐于莲花座上。

第二区东岩刻十八罗汉，列上、中、下3层，姿态面貌各异，各高70厘米左右。在窟下石壁上刻"晚照"二字，为清代康熙刻石。"夕阳晚照"是安宁八景之一。

第三区原有造像3龛，现存1龛，其佛双手抚膝，做半蹲状，另有示殊苦行像。

第四区处在西南悬崖绝壁上，现在最大的一龛大雕卧佛一尊，全长4.8米，头戴长冠，一手枕头，一手抚膝，侧身而卧，袒胸跣足，神态怡然。另有明代杨慎摹写的"峋嵝碑"刻石，位于佛龛之上。

筇竹寺的五百罗汉彩雕

　　昆明城西北有玉案山，盘旋逶迤10余里，翠峰屏列，林壑幽深，山泉叮咚，白云环绕。玉案山不仅风景秀丽，而且为昆明的佛教圣地，环山皆列禅刹，旧有10余座佛寺，以历史之久远，影响之大，香火之盛而

■ 筇竹寺

■ 元仁宗画像

937年，大理段氏夺取南诏政权，建立大理国，统一云南，在拓东城的基础上设鄯阐府，为大理国八府之一。府治沿袭拓东城。段氏统治者在鄯阐营造宫室园林，兴修水利，修筑河堤，发展城市建设。到大理国末期，鄯阐城已发展成为滇中一座"商工颇众"的繁华城市。

据说筇竹寺是大理国鄯阐府的高光、高智兄弟建造的。相传他们兄弟二人到西山打猎，有犀牛跃出，于是紧追不舍，犀牛逃到玉案山西北面的山箐里不见了。

他俩仰望山腰，祥云缭绕，有几位相貌奇特的僧人立于云上。他们急忙爬上山去寻找，但僧人早已无影无踪，只留下几支僧人所拄的筇竹杖插在地上。

兄弟二人想拔出来看个究竟，但竭尽全力也拔不出。第二天去看，竹杖已长成青翠的竹林。他们十分惊异，认为是"山灵显示"，这是一块珍贵的"佛地"，于是就在这里建寺，取名筇竹。

筇竹寺建立之初，并不为人所重。元初，高僧雄辩法师在此讲经，才使其声誉渐高。雄辩法师圆寂后，其弟子玄坚继其位。1310年，玄坚赴京朝圣，元武宗赐他《大藏经》，他运回昆明后，分藏在筇竹寺和圆通寺。

1316年，元仁宗又颁赐圣旨给玄坚，对筇竹寺的殿堂、土地、财产予以保护，令地方官府豁免徭役，不征赋税。玄坚以蒙、汉文字将圣旨内容刻于石碑，名《圣旨碑》。

1419年，筇竹寺毁于火，"荡然为榛砾墟"。1422年，沐晟、沐昂主持重修筇竹寺，至1428年竣工，历时6年，形成比元代规模更大的寺庙建筑群。

1662年，重修筇竹寺，学政李光座撰《重修玉案山筇竹寺记》。1684年，云贵总督蔡毓荣又重修筇竹寺。

清代筇竹寺历经修葺，规模最大的一次修建为1883年至1890年，筇竹寺住持梦佛大和尚，请来四川鲁班会"隆昌帮""蜀东帮"古建筑维修工匠，重修山门、天王殿、大雄殿、华严阁，两庑厢房及庖湢库庾。

从四川合川县聘请泥塑艺术大师黎广修，带着徒弟重塑五百罗汉。这些塑像分别陈列在大殿两壁68尊、天台莱阁216尊和梵音阁216尊，分上、中、下3层。中间一层是黎广修亲手制作的。

《大藏经》 又名《一切经》《契经》《藏经》。其内容包括经、律、论。大藏经的编纂，始于释迦牟尼涅槃不久，弟子们为保存他的说教，统一信徒的见解和认识，通过会议方式的结集，形成一致公认的经、律、论内容。其后又增加了有关经、律、论的注释和疏解等的"藏外典籍"，从而成为卷帙浩繁的四大部类。

069

多姿多彩 民族风貌

■ 筇竹寺里的怒目金刚像

■ 云南筇竹寺吴道子画碑

泥塑艺术 即用黏土塑制成各种形象的一种民间手工艺。在民间俗称"彩塑""泥玩"。在明清以后，民间彩塑赢得了老百姓的青睐，其中最著名的是天津的泥人张和无锡的惠山泥人。

五百罗汉千姿百态，妙趣横生。体态风度富于变化，表情姿态各有不同。从创作手法来说，大体包括两种类型：一种运用浪漫主义方法，通过大胆的想象和夸张，塑造出一些奇特的形象。

如九天揽月罗汉，手比身长数倍，神情专注，正用手中法宝勾取明月；长脚跨海的罗汉，涉足惊涛之中，水仅及膝下，正一步步朝前走去。

一位尊者巨目怒睁，大若铜铃，双眉紧蹙，面部肌肉暴起，左手半握高扬，似见仇敌，怒火中烧，一边张口大叫，一边要向前扑去。

在这些艺术形象身上，凝聚着人民征服自然、战胜困难的理想和愿望，是现实土壤里绽开的理想之花。

另一种主要运用现实主义的方法，借神的形象表现人类的精神面貌，既有浓郁的宗教意味，又有强烈的生活气息。这类作品不仅数量上占绝大多数，而且个性鲜明，形象生动，出现了许多精彩之作。

如梵音阁内一尊罗汉，赤脚交叉闲坐，左手微微托腮，右手正用挖耳掏耳朵，他敛眉眯眼，嘴的右角上翘，右边颧骨上的肌肉上收，将他又痛又痒又舒服的神态，表现得淋漓尽致。

那位一手扶白象、一手提禅杖、胡须很长的尊者，似乎远道而来，他高大的身材，宽厚的胸膛，炯炯有神的双眼，和善的面容，令人想起无数的善良忠厚、饱经风霜而仍体魄健壮的山区农民。

那位除忧尊者，满脸笑意，体态丰盈，如在亲切地开导亲友，全身洋溢着乐观的气息，似乎人们见到他，真能忧愁俱除。

天台莱阁中有好几尊青年罗汉塑像，大多塑得神采奕奕。其中一尊，白嫩圆润的面庞，清流明亮的双眼，整齐洁白微露的牙齿，嘴唇略张，若在与人谈话，右手抬于胸前，他的皮肤有弹性，鼻孔有呼吸，身体有体温。是罗汉，更是一位秀骨清相纯洁可爱的青年。

除了单个的罗汉之外，雕塑家还设计了一组组互有关联的人物。如一位头顶风巾，身披袈裟，手执大节龙头竹杖的罗汉，正张着宽阔厚实的嘴，扳着手指，凑近同伴，似在低声细语，诉说人世沧桑；而他的同伴，手捧法器，侧耳倾听，惊讶、同情、深思，各种复杂的

多姿多彩 民族风貌

罗汉 阿罗汉的简称。最早是从印度传入我国的。在大乘佛教中罗汉低于佛、菩萨，为第三等，而在小乘佛教中则是修行所能达到的最高果位。罗汉者皆身心六根清净，无名烦恼已断。

■ 云南筇竹寺避水金刚像

云南筇竹寺赤火金刚像

七彩云南

滇云文化特色与形态

感情集于一脸，似乎窥见他心灵的震颤。

一位着草鞋的罗汉，他左臂上架一只蛤蟆，右手指蛤蟆，躯体右屈，似在张口呼人观看；其右侧罗汉，衣服垂落臂上，手捧一尊小坐佛，背身不顾，那神态，似不屑一看；再右有一执藤杖罗汉，穿灰袍白裤，着布袜草履，左手执杖，转身向左侧持蛤蟆的罗汉，右手轻指，双目凝视，似欲凑近观赏。

阅读链接

除五百罗汉之外，筇竹寺中文物尚多。进寺门有元代所植的孔雀杉两棵，高大挺拔，郁郁葱葱；寺内茶花、玉兰芳香郁。

大雄宝殿前匾联林立，既有气魄宏大、妙语如珠者，例如："两手把大地山河捏瘪搓圆撒向空中毫无色相；一口将先天祖气咀来嚼去吞在肚里放出光明。"

也有描绘寺僧生活深刻独到者，例如："焚香静坐，莫漫说峨眉旧事，滇海新禅；煨芋留宾，共领略世态炎凉，深山清况。"两虎柱前分别悬有担当联："托钵归来，不为钟鸣鼓响；结斋便去，也知盐尽炭无。"黎广修联："大道无私玄机妙语传灯；仙缘有份胜地同登选佛场。"

大雄宝殿后面的建筑，年代久远，其中有徐霞客记述过的"三僧塔"。

艺术奇葩的丽江壁画

　　丽江壁画是分布于丽江纳西族自治县诸多地方如庙堂、佛寺、道观、尼庵内的壁画艺术群，如漾西之万德宫、大研镇皈依堂、寒潭寺、束河大觉宫、崖脚村木氏故宅、芝山福国寺、雪松村之雪松庵以

丽江壁画

■ 云南大宝积宫四臂观音壁画

及白沙琉璃殿、大宝积宫、护法堂、大定阁等处。

丽江壁画具有很高的艺术价值，被称为滇西北少数民族的艺术奇葩。丽江壁画多系宗教题材，以表现汉传佛教、藏传佛教和道教的内容为主，用笔细腻，设色精丽，对比强烈，特点突出，是中华文化艺术的瑰宝之一。

壁画是在明初至清初300多年里，由木氏土司世代主持陆续绘制成的。从风格上看，有前期和后期之分。前期自14世纪至16世纪上半期，历木初至木公；后期从16世纪中叶至17世纪中后期，历木高至木增。丽江壁画的建造过程，记录了木氏土司的盛衰历史。

相传，白沙的壁画大部分是汉民族绘画高手马啸仙的作品。另据漾西万德宫石碑和有关资料记载，参与壁画绘制的还有藏民族画匠古昌、纳西民族和东巴画匠以及白民族画匠等数批画家。

由于年代久远，很多地方已毁坏，仅以白沙为中心的大宝积宫、琉璃殿、大定阁及束河大觉宫四处遗存壁画55幅，因此，丽江壁画也称为白沙壁画。规模最大的是大宝积宫的12幅。

大宝积宫建于明代，三进院落，柱梁粗实，斗拱雄健，宽敞壮观，内有壁画20余幅，其中最享盛名的

道教 起于盘古开天辟地，元始立教说法，传至世间，创始于黄帝崆峒问道、铸鼎炼丹，阐扬于老子柱下传经、西出函谷。对我国的学术思想、政治经济、军事谋略、文学艺术、科学技术、国民性格、伦理道德、思维方式、民风民俗、民间信仰等诸多方面都产生了深远的影响。

是《如来讲经传教图》，其展示了藏传佛教、汉传佛教、道教等宗教活动和故事，画面中有大小100多个人物画像，线条精细，色彩艳丽，突出特点是多种宗教内容合一，多民族传统绘画技巧与风格交融，可以说是稀世奇珍。

在大宝积宫北壁，有一幅"观音普门品图"：正中画观音，执法器，坐莲座上；西侧画人，人遇水、火、盗、虎等场面。

画中有3个旅行的人，各带包裹雨伞，一遇虎，另一遇盗；左侧画一犯人，赤膊带枷跪地，一差役揪住他的头发，另一差役举剑欲砍，旁有二吏，指点交谈，似主谋者；右侧画一人遇火；这些遇难者，于危急时口念观世音，就逢凶化吉，虎盗不敢伤人，差人屠剑自断，火堆变成浅水荷塘。右侧下部有一班百

藏传佛教 或称藏语系佛教，是指传入西藏的佛教分支。与汉传佛教、南传佛教并称佛教三大体系。以大乘佛教为主，其下又可分成密教与显教传承。虽然藏传佛教中并没有小乘佛教传承，但是说一切有部及经量部对藏传佛教的形成，仍有很深远的影响。

多姿多彩

民族风貌

■ 东巴壁画

云南大宝积宫天女壁画

姓，向着正中观音或跪或立，顶礼膜拜。观音莲座上有藏文题记。

画虽是明显的宗教宣传，但从图中的官吏、差役、旅人和百姓身上，使人看到明代边疆社会生活的一些侧影。画的上部，有小观音第8尊，亦各具神态，右上第三尊观音，倚手沉思，神态特妙。

这些场面以山石云烟隔开，将它们有机地组织在一个大画面里，布局匀称，错落有致。

在西壁上的《莲花生祖师图》，正中画的是藏传佛教即喇嘛教的祖师莲花生。在壁画中，他头戴七宝冠，合掌坐于莲座上，黑衣，头微倾。

座下立二小天女，神态优美，四周画百工之神，或坐，或立，或舞，或骑马、舂米、坐船、打猎、木作、纺织、捕鱼、打铁、砍柴等，是一幅内容丰富的边疆社会生活画卷。

丽江壁画在构图、布局、线条、色彩的运用上，有较高的水平。如大宝积宫中的《如来会佛图》。如来佛朱衣金身端坐正中，上列十八尊者，两侧画道教神像，下列正中，画喇嘛教三护法神，外侧画四大天王，共百余像。

这些神像把佛、道、喇嘛三教的人物都糅合在一起，层次分明，动静相谐，色彩鲜明，人物生动，是一幅较为精彩的宗教画。

在离大宝积宫东北不远的大定阁，正殿东壁上画着喇嘛教欢喜佛抱裸体女神，表示法与智慧双成。正殿南北二壁的"水月观音"，画文殊、普贤、观音、大势至等佛像，以水月云石相衬，类似一幅山水人物画。

如画观音菩萨一幅，观音坐于莲池畔的崖上，脚踏莲花，金身，紫衣，红带，后面花竹成丛，前面池中金荷正开，池水兴波。右上角一散花小天女驾云而至，白鸽相伴，舞于蓝天。

写普贤菩萨一幅，普贤于崖上抱膝而坐，身旁鲜花开放，头顶梅花遮盖，右边溪流激湍，波浪迭起，左下角一童牵象，右上角有天女散花。画面精巧严谨，富于装饰情趣。

丽江壁画在云南绘画史上，地位显赫，其规模之宏伟，分布之广，技法之流畅，构图之精美，布局之

普贤菩萨 中国佛教四大菩萨之一。是象征理德、行德的菩萨，与象征智德、正德的文殊菩萨相对应，同为娑婆世界释迦牟尼佛的右、左胁侍。毗卢遮那佛、普贤菩萨、文殊菩萨被称为"华严三圣"。日本真言宗的许多信徒认为卫护佛门的金刚萨埵是普贤菩萨化身，密教由金刚萨埵所开创。

■ 云南大宝积宫西壁释迦如来会明壁画

云南大宝积宫多闻天财神

合理，色彩之绚丽，都达到很高水平。

更为突出的是，熔几个民族的绘画风格于一炉，可以看到明代内地佛教壁画的印记、东巴绘画的特色，文化价值极高。

丽江壁画是丽江宝贵的民族文化遗产，是研究滇西北乃至西南地区民族的社会、文化、政治、宗教等方面的珍贵历史资料。

阅读链接

观音洞壁画位于普宁县上蒜乡观音村西南300米处的观音山腰部，为一石灰岩溶洞，面向西北。洞口宽7米，高8米，分两层。上层进深20米，下层进深8米；上下层中部有一个陡峭崖坎。

古人将溶洞内壁略为加工平整，涂上白灰泥，使用矿物颜料蓝、绿、红、棕、黑等色，用软笔绘画。作画方法是先勾勒线条，再填色彩。

题材内容为佛教密宗造像，有佛、菩萨、罗汉及护法神等。总计画像7组，佛像223身，各式佛塔11座，宣光题记1方，画面共24平方米。

观音洞壁画是元代壁画，也是不可多得的佛教艺术作品。洞内题记对研究昆明元末明初政治、经济史及军民屯田史提供了宝贵资料。

庄严肃穆的建水古寺

建水文物古迹荟萃，风景名胜诸多，具有元、明、清各朝代建筑特点的寺、庙、塔、楼、桥和民居达百余处，有"古建筑博物馆"之称。

其中具有较高文物价值、科学价值、观赏价值的典型建筑有文

云南建水古庙

■ 曲阜孔庙"太和元气"坊

七彩云南

滇云文化特色与形态

孔庙 是纪念祭祀我国伟大思想家、教育家孔子的祠庙建筑，在历代王朝更迭中又被称作文庙、夫子庙、至圣庙、先圣庙、文宣王庙，尤以文庙之名更为普遍。其数量之多、规制之高，建筑技术与艺术之精美，在我国古代建筑类型中，堪称是最为突出的一种，是我国古代文化遗产中极其重要的组成部分。

庙、指林寺、朝阳楼等。

文庙亦称孔庙，坐落在建水县城北门附近。该庙始建于1325年，后经明、清两代依照曲阜孔庙的风格规制建造，采用南北中轴线对称的宫殿式，东西两侧对称布置多个单体建筑。

建水文庙建筑群坐北朝南，纵深达625米，主要建筑包括：一池、一殿、一阁、二庑、三堂、三亭、五门、六祠、八坊等共37处。整个建筑宏伟壮丽，结构严谨，给人以庄严肃穆之感；各殿宇之间相互对称，具有我国古代建筑的艺术传统和风格。

文庙大门为"太和之气"坊，石砌须弥座夹杆石上雕刻有龙、狮、象，这是建水文庙不同于其他文庙的石雕特色之一。

"太和之气"坊后是泮池，俗称"学海"，自明弘治年间拓为椭冠。泮池北端筑有一小岛，上建"思乐亭"，岛堤间由一座三孔石桥相连。

"思乐亭"亦名"钓鳌亭"，有勉励生员奋发努力，日后功成名就，犹如钓得深海中大鳌之意。

过学海，有"礼门""义路""洙泗渊源""九龙壁""凤凰壁"等石牌坊，再进为棂星门、大成门、东庑、西庑、大成殿、崇圣祠、景贤祠、明伦堂、尊经阁等。

大成殿，即先师殿，因清代著名书法家王文治任临安知府时，曾题书"先师庙"而得名。大成殿是文庙的中心，是祭祀孔子的正殿。

全殿用材坚固粗大，共采用28根柱作承重构架柱，其中20根是用整块青石斧剁凿磨而成的，形成古建筑中十分特殊的石木构架承重结构。

前檐左右两根辅柱，上半部镂雕成龙腾祥云的

王文治（1730—1802），清代官吏、诗人、书法家。曾随翰林侍读全魁至琉球。乾隆二十五年即1761年进士，授编修，擢侍读，官至云南临安知府。罢归，自此无意仕进。工书法，以风韵胜。年未50，即究心佛学。有《梦楼诗集》。

081

多姿多彩
民族风貌

■ 曲阜孔庙大成殿

七彩云南

滇云文化特色与形态

孔庙"德齐帱载"牌匾

浮雕 是雕塑与绘画结合的产物，用压缩的办法来处理对象，靠透视等因素来表现三维空间，并只供一面或两面观看。浮雕一般是附属在另一平面上的，因此在建筑物上使用更多，用器物上也经常可以看到。由于其压缩的特性，所占空间较小，所以适用于多种环境的装饰。

"石龙抱柱"，下半部采用浮雕与透雕相结合的艺术手法，雕工精巧，十分珍奇。

殿前拜台三面有石栏板望柱围护，拜台中放置清乾隆五十五年即1790年铜鼎香炉，高2.85米，上部为宫殿亭楼牌坊建筑式造型，4根铜柱游龙盘绕，四足为4只象头，卷曲的象鼻支撑在莲花座上，充分表现了儒家文化治理天下，力求达到四平八稳的政治效果。

大殿正面5个开间共有22扇雕花隔扇门，其中明间6扇各雕云龙一条，组成"六龙捧圣"，排列于殿内孔子圣像前；次间、梢间每扇为一我国民间传统吉祥图案，如"双狮分水""喜鹊闹梅""三羊开泰""旭日东升""竹报平安""禄禄有福""一路连科"等，共雕有100多个大小动物及翎毛花卉，形态惟妙惟肖、栩栩如生，个个镂空为立体状，堪称木雕艺术的珍品。

大殿梁架、斗拱上的彩画绘制精美，保存完好，也有极高的艺术价值。

大殿中共悬挂了清代帝王赞孔尊孔的"御题"贴金匾额8块，它们分别是康熙的"万世师表"、雍正的"生民未有"、乾隆的"与天地参"、嘉庆的"圣集大成"、道光的"圣协时中"、咸丰的"德齐帱载"、同治的"圣神天纵"以及光绪的"斯文在兹"，充分显示了清代帝王对孔子及其儒家学说的推崇备至。

大殿东西两侧各有碑亭1座。东碑亭中立有清代雍正皇帝的《平定青海告成太学碑记》。西碑亭中立有乾隆皇帝御制《平定回部告成太学碑记》，这是用2块巨石和满、汉两种文字书写雕刻而成的满汉碑。

两通碑上镶一块完整的碑首，将其联为一体。该碑原立于北京文庙内，临安知府双鼎摹刻于建水文庙，实属罕见的满汉文碑。

大殿后墙外墙脚处，还立有10多通石碑，其中元代至元年武宗皇帝追封孔子为"大圣至圣文宣王"的圣旨碑，为滇南最古老的碑刻遗存。

文庙以西，便是被誉为"临安首寺"的指林寺。民间素有"先有指林寺，后有临安

斗栱 又称斗科、榫栌，我国建筑特有的一种结构。在立柱和横梁交接处，从柱顶上的一层层探出呈弓形的承重结构叫拱，拱与拱之间垫的方形木块叫斗。两者合称斗栱。斗栱又有一定的装饰作用，是中国古典建筑显著特征之一。

083

多姿多彩

民族风貌

■ 建水孔庙石碑

■ 云南建水孔庙

进士 古代科举
制度中，殿试及
第者之称。意为
可以进授爵位
之人。此称始见
于《礼记·王
制》。隋炀帝大
业年间始置进士
科目。唐亦设此
科，凡应试者谓
之举进士，中试
者皆称为进士。
唐朝时以进士和
明经两科最为主
要，后来诗赋成
为进士科第的主
要考试内容。

城"的说法。

据载，在宋代大理国统治此地时期，这里是一片茂密的森林，常见一只鹿出没其间。

一天，有人逐鹿至林中，鹿忽不知去向，只有一异人前来，指着森林对众人说："鹿居此久矣，汝辈为何取它？"

言毕，亦复不见。众人皆惊诧，以为遇到神人仙鹿，便立小庙，绘塑神像以祀。许愿求神者认为灵验，香火日盛。

到了元代元贞年间，郡人何昌明于此大兴土木，请来中原工匠，改建为一殿二塔，绘塑佛、大士之像，每日晨钟暮鼓，香烟缭绕，成为参禅拜佛之所；并取前述异人事，书"指林寺"匾悬于门楣。

明清时期，指林寺内又增建了天王殿、藏经阁、环翠亭等，"幡幢杂沓，鼓钟振扬，为一郡瞻依之所"，"有十方大禅刹之风"，成为滇南著名禅寺。

明代学者、状元杨慎谪滇期间，曾应建水归里进士叶瑞之邀，寓居小桂湖畔，并"游颜洞，栖指林"。

后来，仅存指林寺正殿和指林寺牌坊。正殿内保存有2幅佛教工笔白描壁画，为明代永乐年间成画。一幅为释迦牟尼讲经图，另一幅为孔雀明王法会图。正殿丹墀前有指林寺牌坊"第一山"，相传为建文帝光顾指林寺所题。

朝阳楼即建水东门城楼，雄踞县城中心，建成于1389年，是在原有土城的基础上拓地改建的。城有四门，东叫迎晖门，南叫阜安门，西为清远门，北为永贞门。明末，西、南、北3楼毁于战火，仅存东城楼。朝阳楼由48根巨大木柱和无数粗大的楹榫接成坚固的木构架，覆以三重檐歇山屋顶。

朝阳楼风吹雨打600余年，经历了多次战乱的劫难和大地震的考验，至今完好如初。它不仅是滇南重镇建水历史悠久的标志之一，而且是祖国边陲老重镇的象征。

阅读链接

朝阳楼位于云南省南部红河北岸建水县城东端，原名叫迎晖门，亦称东门楼，始建于1389年，与北京天安门的建筑风格如出一辙，有"小天安门"之称，比北京天安门早建28年，有"雄踞南疆八百里，堪称滇府第一楼"的美誉。

朝阳楼城门依地势筑于高岸，楼阁又起于2丈多高用砖石镶砌的门洞之上，为三重檐歇山顶。檐角挂有铜铃。城楼上木雕屏门雕镂精细、奇丽华贵、人物形象生动、透雕3层，堪称精品。

朝阳楼正面的顶层檐下，东面悬挂清代书法家石屏人涂日卓书写的"雄镇东南"巨匾，每字大近2米，结构笔力冠绝于世，笔力刚劲，极有气魄。西面悬摹唐朝草圣张旭"飞霞流云"狂草榜书，笔法龙飞凤舞，潇洒飘逸。楼上悬一明代大钟，高2米多，重1700千克，击之可声闻数里。

风格多样的民居建筑

　　云南各少数民族历史悠久，其民居文化源远流长。各族民居最初的形式分为穴居和巢居两类，居住在北部地区的民族，是由早期人工洞穴发展到晚期的土掌房，如彝族、哈尼族等；居住在南部热带雨林

■ 云南民居

的民族民居则是由早期的人工巢发展成晚期的井干茅屋，如傣族、布朗族、德昂族等。

滇云地区汉族的建筑技术是从唐代传入云南的，在滇池、洱海地区，汉族的木构架、土坯墙、瓦顶建筑逐步发展起来，取代了这一地区早期的干阑、井干式建筑。

到了明代，大批汉族移民进入云南，汉族民居逐渐与当地的自然环境相适应。以滇池地区为例，形成了汉族的"一颗印"民居。

"一颗印"民居的特点主要是四合院，两层，平面近方形，面东南或西南以利日照，毛石脚，土坯或夯土墙，木构架，瓦顶，有利于防盗、避风、抗震，适合汉族人民的生活习惯。房屋由正房和厢房组成，平面和外观方方如印，所以叫"一颗印"。

哈尼族 是我国一个古老的民族，主要分布在滇南地区。使用哈尼语。民间口头文学丰富，其中的代表作有《创世纪》《奥色密色》《古老时候的人》《在察腊垭口上》等。有十月年、六月年等节日。

■ "一颗印"民居

硬山式 常见古建筑屋顶的构造方式之一。屋面仅有前、后两坡，左右两侧山墙与屋面相交，并将檩木梁全部封砌在山墙内，左右两端不挑出山墙之外的建筑叫硬山建筑。硬山建筑是古建筑中最普通的形式，无论住宅、园林、寺庙中都有大量的这类建筑。

正房有3间，前面有单层廊，称为抱厦，构成重檐屋顶。两边的厢房也叫耳房，为吊厦式，称为"三间两耳"。主房屋顶稍高，为双坡硬山式。厢房屋顶为不对称的硬山式，分长短坡，长坡坡向内院，在外墙处作一小转折成短坡，坡向墙外。

在正房两次间廊子各设单跑梯一座，上八九步到达厢房，上十几步进入正房。

楼上无平台，各门口有步板伸出门外。这是占地最经济的楼梯处理方法，成为一颗印民居楼梯安置的独特方式。

正房底层明间为待客吃饭处，次间饲养家畜，堆放柴草。楼上明间堆放粮食，次间为卧室。厢房底层为厨房，楼上为卧室。

因规模不同，有的厢房两边各为2间的称"三间四耳"，有的正房面宽为五开间，称"明三暗五"，有的正房有5间，两边厢房各为2间的称"五间四耳"等。

房屋外墙封闭，仅二楼有个别小窗，前面的围墙较高，一般高达厢房上层檐口。

围墙的正中央开一樘大门，门内设倒座或门廊，内侧建走廊，与主房、厢房的廊沿相接，便于雨天通行，称为"廊沿"，除此外无侧门和后门，构成一颗印独特的外观。

另外，各层屋面均不互相交接，正房屋面高，厢房上层面正好插入正房的上下两层屋面间隙中，下层屋面在正房下层屋面之下，无斜沟，防止漏雨。

云南南部和西南部的傣族传统民居是由巢居发展而来的木竹结构的"干栏"式。傣族村寨多在平原中近水之处、小溪之畔、大河两岸、湖沼四周。

凡翠竹围绕、绿树林荫的地方必定矗立着一座座

厢房 是指正房两旁的房屋，在三合院、四合院中，由于正房通常坐北朝南，因此厢房通常为在东西两旁相对而立，其中东厢房位于东侧，坐东朝西，西厢房位于西侧，坐西朝东。厢房在等级上低于正房。一般长辈住正房，晚辈住厢房。

■ 傣族民居

■ 傣族风情建筑

傣家竹楼。楼分两层，屋顶多为"人"字形，以树皮、茅草或陶瓦等覆盖。上层住人，下层多无遮拦，用作圈养家畜或置放家具。

后来，德宏地区的芒市、梁河则受到汉族的影响，改为土墙茅草或覆瓦的平房。

西双版纳傣族长期处于封建领主制经济之下，其干栏建筑受汉族影响较小，平面布局不像汉式建筑以间为单位，对称严谨，房间几无大小之分，而是根据生活要求进行安排，依房间使用性质有大小之别，布局自由活泼，富于变化。

傣家竹楼一般由上层的堂屋、卧室、前廊、晒台、楼梯及下面的架空层组成，其规模常以若干根木柱来表示。一般为五六排，四五十根，多的有七八十根。

房屋中以堂房为一大开间，屋顶不高，两边倾斜，屋檐将及于楼板，不开窗。如果屋檐高的，就在两侧开有小窗，后面开一个门。楼的中央是一个火

堂屋 是旧式民居的起居活动空间，一般设计在房屋中间，又称"客堂"。因为平时敞开，有的地区又称"明间"。过去，堂屋正中最里常设神龛和祖先神位。墙壁上常挂中堂画，中堂两侧有对联。所以堂屋也是举行家庭祭祀和重大礼仪的场所。

塘，煮饭煮茶，主客聚谈都在火塘边进行。卧室与堂屋并排，傣族的习俗是卧室不欢迎外人进入，客人一般留宿堂屋。

由于受社会经济条件的制约，过去傣族竹楼的梁柱、门窗、楼板全用竹制成，只有土司头人家用木建造，屋顶盖瓦。

傣族自己烧的瓦10厘米见方，如鱼鳞状，薄仅0.6至1厘米，瓦的一方有钩，盖房时先于屋顶椽子上横钉竹条，每条间隔约6.6厘米，将瓦挂在竹条上，不再加灰固定，所以傣族屋顶是不能攀爬的，如果有瓦块破烂，只需在椽子下更换就行。

由于与内地经济密切交往，白族民居的建筑受到汉族的较大影响，形成所谓"三坊一照壁""四合五天井"的传统布局形式。

白族民居以坊为单位，一栋3开间2层的房屋，是

火塘 是在房内用土铺成的1米见方的土地。以前，火塘里立有3块石头，以备烧火煮饭之用。后来，都改用铁三脚架。在许多少数民族中，火塘是生活中非常重要的一部分，每年都要进行火塘祭祀，祈求家人安泰。

多姿多彩 民族风貌

■ 白族民居

■ 白族民居照壁

七彩云南

滇云文化特色与形态

天井 四面有房屋、三面有房屋另一面有围墙或两面有房屋另两面有围墙时中间的空地。一般为单进或多进房屋中前后正间中，两边为厢房包围，宽与正间同，进深与厢房等长，地面用青砖嵌铺的空地，因面积较小，光线为高屋围墙显得较暗，状如深井，故名。不同于院子。

白族民居建造的基本单位，称为一坊。一般楼下3间中明间为堂屋，是待客处，另外2间是卧室，前面有廊。楼上3间通常敞通不分隔，明间为供神处，其余的堆放粮草。有的又隔出一间为卧室，前无廊。

白族民居的平面组合较为规整，只有一坊的呈"一"字形叫独坊屋，两坊的呈曲尺型叫两向两房，三坊组成的就是所谓的"三坊一照壁"。这是白族民居中数量最多的一种，四坊组成的就是"四合五天井"，是富裕人家民居的布局形式。

"三坊一照壁"，即由三"坊"3开间2层的房屋组成，一为正房，另外两坊为厢房。在坊的交接处，各有一个漏角天井，内有厨房和水井。一般城市民居的漏角天井中开有后门，农村民居则很少。

三坊房屋的院落一般为三开间见方，在正房的对面，建有一座长三开间的照壁，将房屋围成院落。这种照壁是白族民居的特点之一，其形式分独脚照壁及三叠水照壁2种。

独脚照壁又称一字平照壁，壁面等高，不分段，屋顶为庑殿式。三叠水照壁的壁面直分为3段，中段较为高宽，两端较为矮窄，形似牌坊。

在院子的东北角开有大门，其形式根据户主的经济能力分为有厦门楼和无厦门楼2类。有厦门楼一般是3间牌楼形制，富裕人家门上有尖长的翼角翘起，檐下有斗拱装饰。

"三坊一照壁"适应了白族地区的地形及风大、多地震等自然条件，其建筑绚丽精致、绰约多姿。房屋多靠山面东，屋顶曲线柔和优美，屋脊有升起，两端鼻子缓缓翘起，屋面呈凹曲状，外墙很少开窗。

由于白族人文化较高，反映在民居建造上则为喜爱装饰。在房屋的外墙山尖檐下有黑白彩绘，其照壁用白灰粉刷，上写"万紫千红""旭日东升"或"福""寿"等象征吉祥如意的大字。四周的山墙上彩绘着各种山水、花鸟、虫鱼图案，给人以生动活泼、均匀对称、和谐优美的感觉。

门楼的建筑装潢更倾注了白族人的艺术智慧，斗拱重叠，飞檐串角，附以泥塑、木雕、石刻、凸花青

照壁 是我国传统建筑特有的部分。明代时特别流行。古人称之为"萧墙"。照壁可位于大门内，也可位于大门外，前者称为内照壁，后者称为外照壁。形状有"一"字形、"八"字形等，通常是由砖砌成，由座、身、顶三部分组成，座有须弥座，也有简单的没有座。

■ 白族民居

■ "土掌房"

砖、大理石等组合的立体图案，其造型之优美，结构之严谨，可与内地殿阁媲美。

白族民居多为土木结构的瓦房，凡木建的多做雕刻，许多门扇由镂空的花、鸟、虫、鱼、人物等及浮雕图案组成，精巧优美，玲珑剔透。有的门楼、隔扇不用一颗铁钉，仅以凿榫卯相接，却十分坚固牢实，表现了白族人民较高的建筑艺术水平。

在滇南哀牢山、无量山山区或半山区，彝族民居多为土掌房形式。

土掌房一般由楼房及平房两部分组成，楼房即正房，为3开间2层；平房即厢房，为1至2间，外墙无窗或仅开小窗，土墙土顶，一片黄色，高低错落，敦厚朴实。平房屋顶、正房楼层甚至正房屋顶都是晒场，由于晒场高爽，所晒农作物可免遭鸡啄虫吃。

榫卯 是在两个木构件上所采用的一种凹凸结合的连接方式。凸出部分叫榫或榫头；凹进部分叫卯或榫眼、榫槽。这是我国古代建筑、家具及其他木制器械的主要结构方式。

土掌房的平面形式分为无内院与有内院2种。元江、峨山、新平、江川一带的彝族民居为无内院形式，各家无露天的内院，也没有外部院落，其院子全部加盖了屋顶，以避免阳光直射或盗贼侵入。

这类土掌房一般由正房、厢房、晒台组成。正房为3开间2层，前带廊或无廊，屋顶为平顶。楼下明间是堂屋，次间为卧室和厨房，内设楼梯，楼层楼面均用泥土夯实，或填土坯抹泥。

厢房为单层1至2间，根据家庭人口多少，可分别用作卧室、厨房或堆放杂物。晒台即土掌房顶，大门一般直接开向街道。

红河县一带的彝族民居则为有内院形式，其正房和厢房围成较大的院子，不加盖屋顶，平面形式多呈曲尺形。

井干式 将圆木或半圆木两端开凹槽，组合成矩形木框，层层相叠作为墙壁。这种方式由于耗材量大，建筑的面阔和进深受木材长度的限制，外观较厚重，应用不广泛。

■ 民族特色建筑木楞房

多姿多彩 民族风貌

滇西北小凉山的宁蒗、永宁一带，森林密布，交通不便，建筑技术不发达。当地的彝族民居为基本满足人们生活生产要求的木结构木楞房，即井干式民居。

木楞房又叫垛木房，其外墙和内墙均为去皮圆木或砍成的方木叠成，墙角交叉相接，叠木有缝处抹泥以防风寒。

屋顶为悬山式，坡度平缓，枋上无椽，直接铺上薄木片充瓦。这种薄木片称为闪片，铺时互相叠盖并有重盖两层的，盖时不用顶，仅以石块相压，因此木楞房又称为闪片房。

木楞房的组成形式有一字形、曲尺形、三合院、四合院等。一般正房是三开间平房，明间是堂屋，作厨房和待客用。右次间为主人卧室，左次间是杂用或畜厩。人口多而劳动力强的人家则组成三合院。

七彩云南

滇云文化特色与形态

阅读链接

早在旧石器时代末期和新石器时代，在大理洱海地区和金沙江中游地区，先民们为了生存的需要而建造了半地穴式房屋和平地木构建筑村落。

在大理洱海地区发现的半穴式房屋平面有圆形和方形2种。半穴式房屋一般长6米，宽四五米，穴深1米左右，屋内有炉灶和窨穴，这是一种可以躲避风雨冬暖夏凉的建筑。这可能是一种由北方迁来的氐羌民族的居住习性的承袭现象。

平地木构架建筑，平面为长方形，面积一般为11平方米左右，墙基平整后先挖洞立柱，柱间编缀荆条，两面涂草拌泥抹成木胎泥墙。有的房屋并不挖柱洞，而是用偏圆形的石头为柱础。屋顶估计是用杂草、树叶一类的植物来遮盖的。

与半穴居式建筑相比，这可以说是一种先进的建筑了。在漾濞县赤水箐岩画上，可以看到这种房屋的较大的屋顶和较矮的柱子的造型。

奇巧壮丽的古代桥梁

几千年来，勤劳智慧的云南人修建了众多奇巧壮丽的桥梁，这些桥梁横跨在山水之间，便利了交通，装点了河山，成为滇云古代文明的标志之一。

■霁虹桥

霁虹桥位于云南保山县与永平县交界处的澜沧江上，是一座飞架在悬崖绝壁之上的铁索桥。霁虹桥史称兰津桥，素有"西南第一桥"的美誉，是我国最早的铁索桥。

南诏时此处开始建竹索吊桥，因形如雨霁彩虹出，得到霁虹桥的名头。明成化年间，永平侧江顶寺了然和尚用化缘得来的资金改建为铁索桥。

相传，当年造铁索桥时，要把每根手臂粗，数千斤重、百余米长的铁链从东岸送到西岸，十分困难。

一位年轻的工匠从射箭猎兽中得到启发，根据他的建议，工匠们在陡峭的东岸用数根粗细不等，与铁链一般长的麻绳由细至粗结好，然后把粗头系在铁链上，细头系在箭尾上，射到西岸，西岸的工匠把麻绳捆在绞车上，摇动转轮，将铁链拖到西岸，并进行固定。

霁虹桥总长113.4米，净跨径为57.3米，桥宽3.7米，桥面高出水面12.5米。全桥共有18根铁索，底索

■ 云南建水十七孔桥

多姿多彩 民族风貌

16根，承重部分4根一组共3组，扶拦索每边1根。底索上覆盖纵横木板。

■ 十七孔桥近景

两岸桥墩用条石砌成半圆形，上建有东西关楼和过亭，后西关楼损毁。桥东原有武侯祠、玉皇阁，桥西有观音阁、古堡、御书楼等古建筑，后均已倾倒。

双龙桥位于建水古城城西泸江与塌冲河交汇之水面上，是一座三阁十七孔大石拱桥。因两河蜿蜒如龙，故而得名；俗称"十七孔桥"。双龙桥是云南省古桥梁中规模最大、艺术价值最高的一座多孔联拱石桥。

有关双龙桥的传说很多，流传最广的是这样一个故事：

这里原是一个渡口，行人过往，须乘船摆渡。当年，在这个渡口设义渡的是当水手的陈洪顺。后来他发家致富，乐善好施，将家产变卖设义渡。

武侯祠 是纪念三国时期蜀汉丞相诸葛亮的祠宇。234年，诸葛亮因积劳成疾，病卒于北伐前线的五丈原。诸葛亮为蜀汉丞相，生前曾被封为"武乡侯"，死后又被蜀汉后主刘禅追谥为"忠武侯"，因此历史上尊称其祠庙为"武侯祠"。

■ 云南建水十七孔桥

玉皇大帝 全称"昊天金阙无上至尊自然妙有弥罗至真玉皇上帝"，又称"昊天通明宫玉皇大帝""玄穹高上玉皇大帝"，居住在玉清宫。在中华文化中，玉皇大帝被视为众神之王，除统领天、地、人三界内外神灵之外，还管理宇宙万物的兴隆衰败、吉凶祸福。

哪知道，陈洪顺年迈多病，72岁那年就去世了，原来那只破旧的渡船也被洪水冲走了。于是，人来人往的"义渡"又成为路断人稀的溪口。每当夏秋山洪暴泻，无船摆渡，人们只有望溪兴叹。

传说，当时当地有一家姓刘的农民，家中只有母子二人。儿子刘世海年仅20岁，从小丧父，与老母相依为命。

一天，老母突然发病，临终之前拉着儿子的手说："为人要做好事，要行善积德。今后，你只要有办法，一定要在渡口修座桥来方便行人。"

有孝心的刘郎含泪葬了老母，牢记老母临终的嘱咐。只是哪来钱修桥呢？他决定先背人过河，有了钱再修桥。

从他母亲去世后起，十年如一日，他背了成千上万的过往行人过河，不少过河的拿出钱来，他都一文不收。

刘郎的善行，不仅在沿岸码头传为美谈，也感动了天上的玉皇大帝。太白金星根本不信凡间还有这样没有私欲的青年人。玉皇大帝为了探知真实，让太白金星化为一位美貌俊俏的女子来溪边过河。

刘郎见到这天仙般的美女，依然不为所动，小心稳当地背她过了河。玉皇大帝听了，十分感动，决定让刘郎修桥的愿望得到实现。

一天，刘郎一早又来河边背人过河。有位年轻姑娘来到溪边，恳求说："我母亲患急病，急需过河去请郎中。我母患病已将家里钱财用完，没钱酬劳，望做做好事。"

刘郎二话没说，背起姑娘就下水，可是他越走越感身上背的人越来越重，又不好意思转脸去看。当他一脚跨上岸时，"咚"的一声，身一倾便倒在沙坝上。

当他定睛一看，哪是什么姑娘，背上背的竟是闪闪发光的一背箧元宝。刘郎心中明白，这是神仙显灵，送来助他修桥的资金。当即雇请能工巧匠进行设计和修建。

经过七七四十九天，溪上一座三孔石桥架起来了。但天公不作美，眼看桥面要合龙了，修桥大师傅安装石桥差2节，不管用什么石料怎么也合不拢。眼

太白金星 是道教神仙中知名度最高的神之一，在普通百姓中的影响很大，现今人们对他的认识就是一位白发苍苍、表情慈祥的老人，他忠厚善良，主要职务是玉皇大帝的特使，负责传达各种命令，因而深受人们的喜爱。

101

多姿多彩 民族风貌

■ 云南建水十七孔桥

七彩云南

滇云文化特色与形态

■ 云南建水十七孔桥

龙王 在我国古
代传说中，龙往
往具有降雨的神
力。唐宋时期，
帝王封龙神为
王，龙王治水则
成为民间普遍的
信仰。唐宋以
后，道教吸取龙
王信仰，称东南
西北四海都有龙
王管辖，叫四海
龙王。

看要发大水了，急得刘郎烧香祈祷。

此事传到龙宫，惊动了龙王，于是传令小白龙、小青龙前来听令，命他们助刘郎完成修桥的义举。小白龙和小青龙降临溪的上空一看，桥身不多不少只差桥面两边各1节石板。

小白龙与小青龙龙身一跃弓腰躺到桥面空当中，只听"咔"的一声，不偏不倚，不多不少，稳稳当当补上了空隙。白、青二小龙，以身化桥，助刘郎修好石拱大桥。

桥面上，一侧白色龙头伸出桥头，后面露出龙尾；另一侧，青色龙头突出桥头，后面露出龙尾。一座飞跨金碧溪的三孔石拱大桥连成了。从此，人们就把这座桥叫作"双龙桥"。

双龙桥始建于清代乾隆年间，当时只是在沪江上建三孔石桥，后因沪江、塌冲河水泛滥，河床逐渐加宽，三孔石桥独居河中，不能横贯两岸。

1839年，当地居民在石桥南端新建14孔石桥，与原有的3孔成雁齿连接，共为17孔，全长148米。

桥身用打凿得很平整的约500块石块镶砌而成，两侧垒条石为栏。正中一孔用巨石砌成台墩，上建一大阁楼，下留有泄水孔洞，桥的南北两端各建一小阁，三阁交相辉映，蔚为壮观；后于咸丰年间全部毁于战火。1898年，又重建3座飞檐式阁楼，比原建的更为气势恢宏。

中间的大阁为坊式结构，共计3层。屋顶为金黄琉璃瓦，歇山顶，高接云霄，造型的独特主要在于其顶层分隔成小屋3间，一大二小，呈"山"字形排列，屋顶也分解成"品"字形的3个小歇山顶，二楼也因势隆起4个小歇山顶。此阁大而壮观，素有"滇

多姿多彩

民族风貌

琉璃瓦 是我国传统的建筑物件。我国早在南北朝时期就在建筑上使用琉璃瓦件作为装饰物，到元代时皇宫建筑大规模使用琉璃瓦，明代十三陵与九龙壁都是琉璃瓦建筑史上的杰作。

■ 十七孔桥

南大观楼"之称。

桥南端为双层八角攒尖顶桥亭，高约有10多米，玲珑秀丽，造型美观，与大阁互相辉映。正如古诗所说：

<blockquote>
阁上有阁屋上屋，冠上有冠顶上顶，

层层叠叠叠层层，叠叠层层层叠叠。
</blockquote>

此外，还有位于金泉井的砥柱桥、坐落于顺荡井的沘江上的彩凤桥、位于旧州镇桥街的飞龙桥等。

云南古桥承袭了我国桥梁建筑风格的特点，融桥梁建筑科学和造型艺术为一体，凝聚着滇云人民高超的技术和聪明智慧，其建筑规模和艺术价值在国内屈指可数，融桥梁建筑科学与造型艺术为一体，是我国古桥梁中的佳作，在我国古桥梁史上占有重要地位。

<blockquote>
阅读链接

霁虹桥旁有众多摩崖石刻。这些题刻，大多出自明、清两代，尚有20余条清晰可鉴，多数字大如斗，古风袭人。

其中书写于清康熙癸未年间冬天的"霁虹桥"3字，幅高1.27米，宽3.4米，体壮气足，格外醒目。

"西南第一桥"直书阴刻，字高0.8米，笔力雄健，章法亦佳；还有"沧江飞虹""悬崖奇渡""金齿咽喉""天南锁钥"等，均古意苍苍，各具特色。

在题刻中，多数字大盈尺，风骨高古，雄浑壮丽；颇有气魄；隶、草、楷书各体皆备。从内容上看，有题颂的，有赞美古渡天堑的，有称颂劳动人民聪明才智的。

此外，还有明代永昌人张含的古诗《兰津渡》、监察御史王大任"怪石倒悬侵地险；长江诘曲盘山多"的楹联。
</blockquote>

文化奇葩

　　云南历史悠久，是人类重要的起源地，拥有滇、南诏、大理等古国文明，又是大乘、小乘和藏传佛教的交汇之地，形成了独具特色的舞蹈、音乐等非物质文化。

　　此外，云南民族众多，各民族都拥有自己灿烂的文化，独特的民间传说、奇异的民族风情，更为这些艺术形式增添了异彩，滇云文化为之生色。

　　云南白族、彝族、纳西族等多个少数民族，不但语言、服饰、宗教信仰富有特色，民间节日也多姿多彩，白剧、洞经古乐、霸王鞭等是大理极富民族特色的艺术精品。

原始质朴的东巴舞蹈

在氏族社会时期，祭祀是氏族共同生活中最隆重、最盛大的活动。祭祀时，所有成员在氏族首领的带领下，按传统的仪式边歌边舞。

以后这种舞蹈发展成了迎神、驱鬼、祈祷丰收、祀求人畜平安的

东巴舞蹈

祭祀舞蹈。流行于纳西族中的东巴舞就是一种典型的祭祀舞蹈。

■ 东巴舞蹈

在由纳西族传统象形文字东巴文记录的经籍中，有一些经典如《蹉姆》和《舞蹈来源》就忠实记录了东巴巫师举行仪式时的许多种纳西族古代舞蹈。

东巴舞谱详细记录了纳西族古代乐舞的类别和跳法，把纳西族古代舞蹈综合为古典舞蹈艺术体系，并以图画似的象形文字与符号标记，对舞的姿态、动律、场位、路线、特殊造型、技巧及乐舞器用法等作了规律化的比较科学的描述，成为专门记述舞蹈的经书，也是初学东巴舞蹈者的舞蹈教程。

东巴舞谱同晚唐五代的《敦煌舞谱》残卷、宋代《德寿宫舞谱》及蒙古族跳神的《查玛》舞谱一样，具有很高价值，是中华民族舞蹈文化的骄傲。

东巴舞谱所记载的纳西古典舞蹈从其内容来看，

德寿宫舞谱 南宋高宗赵构退位后居于德寿宫时由嫔妃进献的舞谱。这个舞谱采用当时歌舞伎人中所流行的一些舞蹈术语，如"双拂""盘转""分颈"等，来记录舞蹈动作姿态与队形，以供宫廷歌舞伎人进行舞蹈的基本技巧训练。具体记录了63种姿态和队形，为研究宋代舞蹈提供了宝贵的资料。

纳西语 纳西族的语言，其语系属汉藏语系藏缅语族彝语支中一种独立的分支语言，同彝语、哈尼语以及拉祜语等有着非常密切的亲缘关系。有纳西语口语和纳西语书面语之分。口语较为简便，书面语即东巴文，又称纳西象形文字。

渊源甚远，源于原始巫舞，舞蹈名目繁多，有动物舞、神舞、战争舞、器物舞等。

动物舞中有金色大蛙舞、花斑白鹿舞、赤虎舞、长角牦牛舞、骏马舞、白羊舞、白额犏牛舞、大鹏鸟舞、白鹰舞等，反映了纳西先民远古的动物崇拜、神灵崇拜等观念。舞蹈中的舞谱语汇多取自狩猎游牧生活，有浓郁的古代生活气息，但又有艺术上的提炼和升华。

神舞种类也很多，根据东巴仪式内容跳相应的舞。如在祭大自然主宰"署"的仪式上跳"署"舞；为死去的东巴举行的"祭世罗祖师"仪式上跳丁巴什罗舞；为情死或非正常死亡者举行的祭风仪式上跳四头十二眼的"卡日"神舞；等等。

神舞中最重要的是萨利瓦德、英古阿格、恒丁窝盘3尊大神舞，其次有东巴教祖师丁巴什罗舞，刚健

■ 东巴舞

■ 东巴舞

而节奏分明，动作多变而气氛热烈的舞蹈，表现出神的超凡法力。

战争舞在纳西语中称"高磋"，意为"胜利舞"，有刀舞、利剑舞、弓弩舞等形式，源于古代战士出征和祝捷的乐舞，再现出古代战争激烈的种种场面。

器物舞分乐器舞和法器舞，内容包括板铃舞、板鼓舞、碰铃舞、灯花舞等形式，反映出纳西人不同的生活侧面，风格也各异。

东巴乐舞动作原始质朴，是东巴祭司在东巴舞谱限定下的自由舞蹈。例如其中的"郎久战神舞"，舞谱将其记作："向前进三步，原地转三圈，向后退三步，原地转三圈，向左跨三步，原地转三圈，向右跨三步，原地转三圈。"

但在实际法事仪式中，东巴祭司却将上述限定表现得舒展大方、游刃有余，其中的过渡动作均是弱拍

祭司 或称司祭、祭师，是指在宗教活动或祭祀活动中，为了祭拜或崇敬所信仰的神，主持祭典，在祭台上为辅祭或主祭的人员。根据不同的信仰，祭司被认为具有程度不同的神圣性。无论是在实用的社会职能还是神秘的宗教层次，祭司都具有不可替代的重要性。

踮起脚尖，强拍落下足跟，有时还以双膝有节奏地上下颤动等作为舞蹈的韵律特征。可以说，东巴乐舞多以东巴祭司的不同而风格各异、独具个性。

除东巴乐舞以外，纳西族的舞蹈形式最具代表性的有丧葬歌舞"窝热热"，民间娱乐性歌舞"窝玛达""阿哩哩""呀哈哩"，以及民间乐舞"筜簇蹉""芦笙蹉"，等等。

"筜簇蹉"即笛子舞，此种舞蹈广泛流行于纳西族地区，是专门由笛子作为伴奏乐器的一种民间乐舞。笛子舞通常无性别和年龄的限制，舞蹈姿势也甚为简单。

笛子舞类似于纳西族的另一种民间舞蹈"打跳"，因而此种舞蹈无场地的限制，可在婚嫁、丧事，以及起房盖屋或者欢庆丰收的民俗活动中奏跳。

笛子舞手部的动作极为简单，但其脚部的动作却十分复杂，具有较原始的生活气息。舞蹈一般以顺时针方向行进，舞者围着火堆，随着吹笛者的导引不厌其烦地甚至是通宵达旦地狂舞。

纳西舞蹈

"芦笙蹉"即芦笙舞，此种舞蹈遍及纳西族的聚居地，是纳西族民间的另一种自娱性乐舞。芦笙舞通常在芦笙吹奏者的领舞下进行舞蹈，并且舞蹈通常与舞者的脚步为主，通俗的舞步有上步、双脚跺地、脚对脚、背靠背等。

纳西人跳芦笙舞

芦笙舞的过程中男女相互牵手，左侧身向圈里，根据不同的舞曲组成各种不同的舞蹈组合。依据脚步的不同，芦笙舞可分为"扭美""三打脚""挨美好寺""挨口次次"等。

依据纳西人的民俗传统，跳芦笙舞时首先需要跳扭美舞，因为它被传说是其他一切乐舞之母，而其他的芦笙舞均是在扭美的基础上形成的变种。因而，各地的扭美舞动作也大同小异。

阅读链接

纳西人每逢节日集会或婚丧喜庆活动，常举行通宵达旦的集体歌舞活动。民间较流行的"窝热热"也叫"热美蹉"，是广泛流行于纳西族民间的丧葬歌舞，无乐器伴奏，无音阶、无音列法则，是模仿兽步的舞蹈。

关于热美蹉的起源有一个传说：相传由飞魔变成的恶鬼"热"专吃死人流出的眼泪和尸体，凡是被"热"吃过的死人，其灵魂永远回不到祖先居住的地方，因此，人死后，人们就跳"热美蹉"驱赶"热"鬼。

这种古老的歌舞反映了纳西先民的游牧狩猎生活，男女两个声部组成合唱，男声像追逐野兽时发出的惊叹式的呼号，女声则是用喉颤音发出类似野兽哀鸣的"咳咳咳"声。

大型乐舞《南诏奉圣乐》

　　滇云的民族乐舞可谓源远流长，在青铜器物中已发现了大量青铜乐器，如葫芦笙、葫芦箫等较有民族地方特色的乐器，还有编钟、铃、锣、钹等乐器。

■ 盘舞

■ 乐舞俑

"礼失而求诸野"，滇云舞蹈中始终保有商周庙堂舞蹈遗风，如属于周朝的"六小舞"的羽舞、旄舞、人舞、干舞等。

从商至西汉时期，滇云之域的舞蹈，如盘舞、剽牛舞以及南诏时期的仿唐字舞南诏奉圣乐、东南亚骠国乐舞、象舞、巫人歌舞、祭盘王歌舞、婚礼歌舞、踏摇、踏歌、干舞、鹹首舞、紧急鼓舞、祭天歌舞、祀庄稼歌舞、枭首歌舞、娱尸舞，以及后来发展起来的口琴舞、象脚鼓舞、孔雀舞、跳月、左脚舞、芦笙舞、绕三灵歌舞、阿细跳月、琵琶舞、扇舞、烟盒舞等，已奠定了雏形。

到了唐代"南诏国"时期，南诏王室始终以中原唐王朝为榜样，积极向唐王朝学习统治经验及文学艺术，故有"人知礼乐，本唐风化"的记载。

在音乐方面，以西南少数民族音乐为主体，吸收了中原内地、西北地区及东南亚国家的音乐成分，构

113

地方特色

文化奇葩

葫芦箫 我国少数民族的吹奏乐器，是生活在我国西南部地区的傣族、阿昌族、佤族等少数民族最喜欢、最常用的乐器之一。葫芦箫的形状和构造别具一格，它是由一个完整的葫芦，加上3根竹管和3枚金属簧片做成的。由于它吹出的颤音有如抖动的丝绸那样飘逸轻柔，因此又称为"葫芦丝"。

乐舞砖雕

七彩云南

滇云文化特色与形态

节度使 唐代开始
设立的地方军政
长官。因受职之
时，朝廷赐以旌
节，故称。成为
固定职衔是从711
年以贺拔延嗣为
凉州都督充河西
节度使开始的。
节度使集军、
民、财三政于一
身，又常以一人
兼统两至三镇，
多者达四镇，威
权之重，超过魏
晋时期的持节都
督，时称节镇。

成了南诏独特的音乐舞蹈。

"天宝战争"之后，南诏为了与唐王朝重新修好，把白族宫廷乐师张洪纲创作的"夷中歌曲"，改编加工整理成大型乐舞南诏奉圣乐。

800年，南诏王异牟寻派人送南诏奉圣乐到成都，向剑南西川节度使韦皋献上"夷中歌曲"，借以表达归唐的诚意。

经韦皋的加工整理，"复谱次其声，以其舞容"，记译了歌词，录成乐谱舞图，定名为南诏奉圣乐，进献唐王朝，后又随同南诏的歌舞乐团进京献演。此后，"南诏奉圣乐"列入唐代乐舞之林，成为唐代乐舞的组成部分。

南诏奉圣乐以异牟寻归唐这一重大政治事件为主题，以规模宏伟的乐章和千姿百态的舞容来赞颂唐王朝的文治武功，表明南诏永远臣属于唐王朝的决心。

南诏奉圣乐整台乐舞以字舞为主体，舞"南诏奉圣乐"5字，仿奉寿乐，以舞者的队形变化或转身换衣而组合成字，每变一次，便成一字，伴以歌唱。

如舞"南"字，歌《圣主无为化》；舞"诏"字，歌《南诏朝天乐》；舞"奉"字，歌《海宇修文化》；舞"圣"字，歌《雨露覃无外》；舞"乐"字，歌《辟土丁零塞》。字舞之后，有16人集体舞

《辟四门》和1人独舞《亿万寿》，伴唱"夷中歌曲"《天南滇越络》。

舞人服饰，女着南诏贵族妇女服装，为绛赤色绫锦制成的束身短衣和绘有鸟兽草木的裙子，束以金属腰带，袒露半臂。最有特色的是黑头囊，上披锦方幅，以发辫挽成髻，饰以珠宝、金贝等饰物。

足穿彩画的皮靴，仿照龟兹乐人穿靴的打扮，一改南诏"跣足"之习。表演中暗换服饰，则是吸收了唐代字舞的惯用方法，而字舞本身就是仿照唐代字舞《奉寿乐》。

参加演出的乐队十分壮观，乐器有30多种，演奏人员有196人之多，共有30首乐曲，分为龟兹部、大鼓部、胡部、军乐部4个乐部。

龟兹部有羯鼓、揩鼓、腰鼓、鸡娄鼓、短笛、长短箫、大铜钹等数种乐器，共88人操作，分为4列，置于舞场四边。

大鼓部有大鼓24面，共24人操作，分为4列，居龟兹部之前。

胡部有筝、大小箜篌、五弦、琵琶、笙等乐器，共72人操作，列为4排，为唱歌时之伴奏。

军乐部有金铙、金铎、钢鼓、金钲等乐器，共12人操作。

经韦皋整理后的"夷中歌

■乐舞陶俑

■ 乐舞陶俑

七彩云南

滇云文化特色与形态

曲"，不仅赋予作品浓厚的政治色彩，纳入唐代的艺术规范，也合乎当时乐舞声律的要求，使云南少数民族的歌谣发展为宫廷乐舞。

《南诏奉圣乐》为云南艺术宝库增添了辉煌的一页。《南诏奉圣乐》创作演出后，唐乐部原有的10部乐增至14部时，就有了"南诏部"，这是南诏乐舞对中原文化的影响和贡献。

南诏奉圣乐是云南少数民族文化与中原文化艺术的融合，是南诏国时期政治、经济，文化集中的表现，在我国歌舞艺术宝库中，具有重要的历史和艺术价值。

阅读链接

滇云先民们还自创了一些舞蹈，如葫芦笙舞、翔鹭舞、圆圈舞、巫舞、刑牛舞等。

其中，用铜鼓伴奏或自奏铜鼓跳的铜鼓舞，用于祈求、祭祀法力无边的诸神灵，神圣庄重；"击铜鼓歌舞饮酒，穷昼夜以为乐"。铜鼓乐舞热烈狂放，更多地保留了原始文化的天真、淳朴和自然之遗风。铜鼓乐舞确立了滇云乐舞的基调。

纪念龙女公主的白沙细乐

　　"白沙细乐"是流传于丽江纳西族地区熔乐、歌、舞于一炉的古典音乐，又称"别时谢礼""白沙细梨""看北石""北石八"等。

　　据说，白沙细乐是为龙女公主而作的。相传木天王想吞并西番

▶ "白沙细乐"表演

■ 白沙细乐的乐队

国，便把女儿龙女公主嫁给西番王子。龙女得知这一消息后便写了一封信，将信挂在狗脖子上带到西番国去。

西番王子知道这一阴谋后，便率兵来攻打丽江，但被木天王打败。木天王旋即将公主囚禁于玉龙湖中的玉龙亭。公主死后，人们为纪念她而创作这部古乐。

白沙细乐以纳西族传统音乐为基础，吸收元乐等其他民族音乐而成。

白沙细乐的乐队由纳西族乐器组合而成，乐器按照演奏方式的不同可以分为三个乐器组：一为吹管乐器，有竖笛、横笛、波伯。其中横笛是主奏乐器，而波伯则是纳西族特有的竹制乐器。二为弹拨乐器，主要有筝、琵琶、苏古笃等。后来筝几乎不再使用。苏古笃又叫"胡拨"，形似"火不思"。三为拉弦乐器，只有二簧一种，其形制类似汉族胡琴。

白沙细乐的乐队编制并不固定，根据运用场合和主人的贫富状况，可从三四人直至10多人不等。其最常见的两种编制是8人组和4人组。

在演奏中，乐队的排列有一定之规：乐队必须位于灵台右侧、幕布之后。演奏者则按年龄的大小依次排列，年长在前，年幼在后。

"白沙细乐"的音乐忧伤哀怨，悱恻缠绵，除序曲《笃》外，分10个乐章，即《一封书》《雪山脚下》《三股水》《美丽的白云》《赤足舞曲》《弓矢舞曲》《南曲》《北曲》《荔枝花》《云雀舞曲》《哭皇天》。

《笃》为序曲，是纯粹的乐曲合奏曲，节奏自由，曲调辽远深沉，颤音的韵律及偏音使旋律游移不定，强音高，起伏大，颇具高原的清俊之气。

《一封书》则具有很强的戏剧性与抒情性，为惜别之曲。

《三股水》由器乐曲与歌曲组成，有12个乐句，句与句之间用小过门联结。乐曲有长有短，充满了凄凉、悲哀与怀念的情绪。这显然是在表现人们饮水思

过门 就是贯串连接曲首、曲尾和句、逗之间唱腔中断处的器乐伴奏。自明末清初"时尚小令"用于戏曲以及梆子、皮黄等板式变化体剧种出现后，才有伴奏过门的运用，并且成为戏曲音乐的一个重要组成部分。过门分起调过门、句间过门和曲尾过门。

地方特色

文化奇葩

■ 纳西古乐演奏地

■ 纳西族古乐

灯笼 起源于1800多年前的西汉时期。每年的农历正月十五元宵节前后，人们都要挂起象征团圆意义的红灯笼，来营造一种喜庆的氛围。在经过历代灯彩艺人的继承和发展后，形成了丰富多彩的品种和高超的工艺水平。

源、依恋不舍的复杂感情。

《美丽的白云》有歌有乐，结构工整，曲调安详和平，气氛庄重，包含着人们的某种祝福。

《弓矢舞曲》是歌舞乐的有机结合，其乐取自《一封书》的部分导曲，再配以歌词歌唱，歌时不舞，舞时不歌。

《哭皇天》主要表达主人公痛不欲生的感受，一般认为这是"白沙细乐"最悲伤凄戚的乐曲。赤脚舞以竹笛独奏，并有苏古笃伴奏，时歌时舞，主乐与舞蹈结合紧密，有极强的咏叹性。

这些乐曲，既可以连续演奏，又可以独立欣赏，整个乐曲和谐统一，具有很高的艺术价值。

同其他民族的丧葬音乐一样，白沙细乐也有一套固定不变的仪式规范。乐队由一位年长的人负责组织领导，严格按照规定的仪式进行演奏，同时，每个仪式都配上了相应的乐曲。

纳西族的丧事一般有3天。3天所演奏的顺序和乐曲都有所不同。

第一天为悬白。按纳西族的风俗，家中有人去世的时候，将一个白纸糊的灯笼悬挂在大门前，表示家中要办丧事。

第一天的下午，要在死者灵前进献三次贡品。第二次献贡品时演奏《笃》。献过祭品后，读祭文，乐队奏《一封书》。亲友吊唁时，再奏《笃》。

白沙细乐演奏主要集中在"正祭日"。正祭也叫祭奠，是丧事中最为重要的一天。最开始是"奠主"，此项仪式在进行时，乐队开始演奏《幕鸣》，接着在举行祭丧礼时奏《一封书》，然后在孝子哭灵时奏《笃》。

是日下午，再将《笃》《一封书》《三股水》《美

■ 纳西族舞蹈

丽的白云》连缀演奏。晚上，死者家属及乐工皆面灵台唱《幕布》。唱毕，即表演《赤足舞曲》和《弓矢舞曲》等，表演者手持松毛绕桌而舞，每舞一周则停下来向死者歌唱。如此不断反复。

按纳西族的风俗，如果死者是男要跳9次，如果死者是女则只跳7次。在舞蹈之时，乐队以《一封书》伴奏。

第三天为"送灵"，即出殡。出殡之日，演奏者吹奏《笃》与《一封书》，行走在送葬队伍之前，当行至半道，乐队的演奏即告结束，而送葬队伍则继续前进，直至墓地。

"白沙细乐"构思独到，意境深宽，文学性高；器乐兼歌并舞，艺术表现力和感染力强；曲调富于抒情性，委婉幽雅，柔中蓄健，起伏回旋；或倾怀细诉，思绪萦绕，或气势辽阔，憧憬遐想，或乐涛激荡，浪漫悠然。

旋律流畅如溪，基调质朴健康，丰富优美至极。可见，这部纳西族大型组合器乐曲是我国民族民间音乐宝库中的瑰宝。

阅读链接

关于白沙细乐的起源，还有另外一个传说：相传，南宋理宗宝元年，蒙古宪宗命令其弟，也就是后来的元世祖忽必烈亲征大理，纳西首领阿良在剌巴江迎接蒙古大兵执礼甚恭。

不久，忽必烈攻破大理，在挥师北还之际，为感谢阿良，封他为"茶罕章管民管"，并且还赐予阿良大量礼物。其中，就包括半队乐工和一半乐谱。

他们与纳西乐工共同创作了"北石细里"。《笃》写忽必烈与阿良深夜话别情景，故又名"夜分手"；"一封书"由纳西乐工写就，阿良修书向忽必烈报喜，忽必烈即兴赐名"一封书"；"三股水"描述纳西军民与元兵合修三思渠的情景；"哭皇天"表达纳西人送别元兵时的依依之情。

进行礼拜祭祀的洞经音乐

云南洞经音乐，是云南特有的地方民间音乐品种，是一种以民俗祭祀为主要内容的民间音乐形式。"洞经音乐"因弹演《文昌大洞仙经》而得名，奏唱经书中诗赞的音乐即是"洞经音乐"。

云南乐舞

■ 洞经音乐会表演场景

七彩云南

滇云文化特色与形态

《道藏》是指道教经籍的总集，是按照一定的编纂意图、收集范围和组织结构，将许多经典编排起来的大型道教丛书。内容十分庞杂，其中有大批道教经典、论集、科戒、符图、法术、斋仪、宫观山志、神仙谱录和道教人物传记等。此外，还收入诸子百家著作和有关我国古代科学技术的著作。

　　洞经音乐旋律古色飘香，格调庄严肃穆，唱腔清脆、圆滑，具有滇戏韵味，又兼佛教道教音乐风格，既表现雄伟壮丽、气势磅礴的场面，也表现优雅婉转的意境，既能登大雅之堂，也能为民间演奏，因其旋律优雅动听，音韵自然流畅，被称为"雅乐"或"仙乐"。

　　明代初期，大量中原音乐文化随移民进入云南，在部分中心城镇，陆续出现了一些雅集型文人乐社，聚会常唱奏从中原各地带来的各种曲调以抒情怀，其中也唱奏一些道乐诗赞，这为尔后洞经音乐的形成打下了一定的音乐文化基础。

　　约于嘉靖中晚期至隆庆年间，大理地区的文人在成都得到了此时已刊印成书并由朝廷诏颁天下各大道庙的正统《道藏》中的《文昌大洞仙经》，回乡后便开始用乐社中的各种音乐曲调来演唱经书中的诗赞，并逐步形成规模，之后人们便把这种音乐形式称为"洞经音乐"。

　　在洞经音乐的形成和发展过程中，云南历代文人曾广泛借鉴吸收了中原地区的各种民间音乐形式，如道教科仪音乐、北方的吹打乐、江南的丝竹乐以及宫廷音乐、祭孔大晟乐等，逐步成为集我国传统音乐文化之大成、熔吹、拉、弹、打、唱为一炉、代表儒家音乐文化的民俗礼仪音乐。

洞经音乐约于明末由大理地区传入昆明，清代康熙中晚期至乾隆年间开始在云南各地传播，嘉庆、道光年间为其鼎盛时期。

光绪后期，洞经音乐开始走出封建士大夫文人阶层把持的雅乐殿堂，迅速普及到农、工、商各界并流传到许多乡村集镇。

洞经音乐组织的成员，在明清科举时期，以爱好音乐的、有功名禄位的文人儒士为主；如举人、学监、秀才、拔贡、庠生、廪生、附生、童生等；也有习武的武举、游击、都司、武秀才、武生之类。

洞经音乐组织在不同地方有着不同的称谓。有的称作"会"，有的称作"学"，也有的称作"坊""堂"或"坛"的。

如大理县城的"宏仁会""鹤云会"，下关镇的

儒家 是我国古代最有影响的学派。是由春秋末期思想家孔子在总结、概括和继承了夏、商、周三代尊亲传统文化的基础上形成的一个完整的思想体系。其学派崇尚"礼乐"和"仁义"，提倡"忠恕"和"中庸"之道。主张"德治""仁政"，重视伦理关系。

125

地方特色

文化奇葩

■ 洞经音乐乐器

七彩云南

滇云文化特色与形态

■ 洞经音乐表演

孔子 (前551—前479)，名丘，字仲尼，我国古代的大思想家和大教育家、政治理论家，儒家学派的创始人。集华夏上古文化之大成，在世时被誉为"天纵之圣""天之木铎"；被后世统治者尊为孔圣人、至圣先师、万世师表。

"礼仁会"，等等；在昆明则大多都称为"学"，如"同仁学""崇仁学""文明学"等。

洞经会的活动主要是向所崇拜的圣贤进行礼拜祭祀，祭祀的圣贤神灵很多，主要有"大成至圣先师孔子""文昌帝君""关圣帝君"以及岳飞等。

此外，民间信仰的许多神灵牌位也是祭祀中供奉的对象，如"三清""斗父斗姥""东西南北中斗""城隍"以及佛教的释迦牟尼佛、观音菩萨等。但洞经会不祭祀道教各个门派的历代祖师。

洞经的祭礼活动一般是该圣贤的诞辰日之时，到这些神庙中去开坛祭奠。如二月初三"文昌会"，六月二十四"关圣会"，八月二十七孔子圣诞。另外，为了祈年保境，祈求风调雨顺、五谷丰登，每年春天，择吉日要举行斋醮活动，称为"太平会"。

经过数百年的演变发展，洞经会在云南形成了自已独立的经书体系，每一部经卷都有完整的结构和谈演套路，有着"引、起、承、转、合、收"的严谨格局。

每一部经为了适应讲唱的特点，文学体裁形式有白文和韵文两种相间交错，白文是讲读部分，语言声调有一定的抑扬顿挫和节奏感，类似朗诵诗词。

韵文是诵唱部分，韵文的句法结构有四言句、五言句、七言句、长短句4种；句数为四、六、八、十等偶数，这种句法结构、句数能灵活地与音乐曲调相配合，使一些曲调一曲多用，易于更换唱词。

音乐曲调的布局与经文严密配合，形成有对比变化的联曲、套曲结构。洞经音乐中使用的曲调，从名称来看，有唐宋词调，有元代南北曲，更多的是来源于明清的时调小令等杂曲；也有为数很少的道曲、道腔、佛曲。

斋醮 道教仪式。道士们身着金丝银线的道袍，手持各异法器，吟唱着古老的曲调，在坛场里翩翩起舞，犹如演出一场折子戏，这就是道教斋醮科仪，俗称"道场"，谓之"依科演教"，简称"科教"。

■ 洞经音乐演奏

七彩云南

滇云文化特色与形态

■ 洞经音乐演奏

磬 是一种石制的击乐器，是我国最古老的民族乐器，它造型古朴，制作精美，形状大多呈上弧下直的不等边三角形。磬乐器历史非常悠久，它在远古时期的母系社会，曾经被称为"石"和"鸣球"。石磬质料主要是石灰石，其次是青石和玉石。石磬上作倨句形，下作微弧形。石磬大小厚薄各异，石质越坚硬，声音就越铿锵洪亮。

洞经音乐曲调，基本分为经曲与曲牌两大类。经曲依曲填词进行演唱，韵文体有"四言句腔""五言句腔""七言句腔""长短句腔"等；白文体有"白文诵腔""读表腔"等。曲牌根据使用乐器的不同，有"大乐曲牌""细乐曲牌""锣鼓经曲牌"3种。

洞经音乐的乐队组织形式按演奏人员的职责分工，分为"上座"与"下座"两班。上座又分为"左案"4人，"右案"4人，这一部分人员坐于经坛大殿之内，以演唱经文诗赞为主，兼奏各种打击乐器，是打击乐与声乐声部。

下座是演奏吹管乐、弹拨乐、拉弦乐声部等丝竹管弦人员的，坐于台阶之上的大殿门外左右两侧，人员无定数，视乐器多少而组合。

全部乐队成员一般讲究8的倍数，最少为16人，常见的是24人，过去昆明最大规模曾经有过64人的庞大阵容。这是文人们借鉴《祭孔大晟乐》之六佾、八佾定制所为。

上座中设"首座"一人，坐在左案之首，是乐队的总指挥，也是整个洞经会中技艺最全面的核心人物，不仅要精通经籍，能熟唱所有经腔，熟背所有曲牌，而且能掌握吹、拉、弹、打各种乐器；手中操持着板鼓木鱼，因此又称作"司鼓"。

"副坐"一人，是首座的助手，他是经曲的主要演唱者，坐于右案之首，兼敲击磬、大锣，所以又称为"司磬""司锣"。"左案""右案"的二、三、四座分别演奏各种打击乐器及演唱经文诗赞。

洞经音乐中使用的乐器很丰富，达50多种，但各地多少不一，互有差异，不尽相同。

洞经音乐的乐器组合形式有"细乐""大乐""锣鼓乐"3种类型。

木鱼 是一种打击乐器，原为佛教"梵吹"的伴奏乐器。因外形像鱼头而得名。木鱼呈团鱼形，腹部中空，头部正中开口，尾部盘绕，其状昂首缩尾，背部呈斜坡形，两侧三角形、底部椭圆；木制槌，槌头橄榄形。

■ 大理古乐乐团

细乐，即是丝竹乐配以云锣、碰铃、木鱼等打击乐器的组合形式。"细乐曲牌"是洞经音乐中数量较多的一类，曲调多悠扬委婉，有的则轻快活泼，其来源丰富广泛，主要使用于开坛收坛、上香上供、跪拜叩首等时。用细乐伴奏的经曲称为"细乐经曲"。

大乐，即吹打乐形式。以大小唢呐为主奏乐器，配合以大锣、大堂鼓、大钹、大铙，这时丝竹乐也可加入。此类曲牌，有的气氛热烈欢快，有的庄重雄伟，主要使用于开坛收坛时。用大乐伴奏的经曲称为"大乐经曲"，曲调有"开经偈""收经偈""送圣"等。

锣鼓乐，使用时既可套打在曲调进行中，也频繁衔接在"曲牌"和"经腔"之后作曲调的收头。锣鼓乐中根据乐器不同，有武打和文打之别。

由于各地曲调、乐器来源不同及各地乐队组织形式的差异，所以云南洞经音乐也有着地域风格和流派的不同。各地曲调汇总数约3000多首。

阅读链接

演奏洞经音乐的乐器基本是吹、拉、弹、打4类。

吹管乐器有：小唢呐、大唢呐、竹笛、洞箫、笙、筚篥、凤箫、瓷埙等。

拉弦乐器有：小胡琴、胡琴、葫芦胡、中胡、大胡、低音大胡、哑胡、壮族马骨胡或牛骨胡等。

弹弦乐器有：小三弦、京三弦、剑川龙头大三弦、琵琶、双琴、古筝、瑟、胡拨、七弦琴及中阮、扬琴等。消失的有竖箜篌、弯担琴、八音琴等。

打击乐器有：提手、单皮鼓、大小木鱼、击子、钹铃、手铃、双星、九音云锣、锡锣、锣、筛锣、大钹、大铙、大镲、小镲、大小堂鼓、铜钵磬、寺庙悬鼓、寺庙铜钟、寺庙云磬、寺庙大鼓等。过去还有金钟、玉磬、方响等摆设，但不敲奏。

极富地方特色的滇剧

　　滇剧，又称滇戏，是云南劳动人民根据自己风俗习惯和生活，特别是地方的语言与民间艺术，同时在声腔、剧目、表演上融合京剧、川剧等外来剧种而发展起来的富有地方特色的滇云地方戏曲剧种。

■滇剧表演

■ 滇剧表演

1381年，朱元璋派傅友德、兰玉、沐英率军30万入滇，随后，大批移民多次入滇，他们带来了江南的戏曲声腔和时尚的曲调。

清代乾隆中叶，昆明由于商业的发展，外省会馆和行业会馆普遍建立，各地流行的声腔和戏班亦随之而来。每逢迎神赛会或喜庆宴集，他们均演各自地方戏。

此一时期来昆的戏班先后有19个，声腔剧种有徽调、昆腔、弋阳腔、秦腔、楚调、石牌腔等。当时，在云南的戏曲舞台上出现了混乱杂陈、诸腔争妍的局面。

清代道光年间，在昆戏班趋于合并改组，出现皮黄同台合奏的场景。角色已有小旦、生脚、花脸、末、外等行当划分，唱念字音声调已逐步地方化。

外来剧目经艺人加工丰富，成为与本地语音腔调和风俗习惯相结合的保留剧目流传下来，并造就了第一代滇剧名演员如王福寿、罗四花脸等，构成了滇剧音乐以梆子、皮黄为主，丝弦、胡琴、襄阳三大系统共处一个统一整体的独特风格。这些标志着滇剧的形成。

清代光绪时期，滇剧以昆明为中心，向各州县发展。各戏班在庙会、堂会、拉门、围鼓各场合中演出，使滇剧演出比以前兴盛活跃，甚至茶铺清唱也相当盛行。于是，滇剧经过改良、发展，成为了当地群众喜闻乐见的地方戏剧种。

滇剧艺术继承了我国其他一些古老剧种的特长，再经过历代滇剧艺人的加工创造，已经形成自己独具特色的风格。

在音乐唱腔方面，丝弦、胡琴、襄阳三大系统各有多种板式和特色。

丝弦源于秦腔又别于秦腔，它既有一般梆子音乐的高亢、激越、强烈的一面，又有委婉、质朴、优美动听的一面，刚柔相济，表现力丰富，既能表现欢乐爽朗的气氛，也能表现慷慨激昂的情绪。滇剧传统剧目中半数以上唱丝弦。

秦腔唱腔中有"欢音""苦音"，滇剧丝弦"二流"中也有"甜品""苦品"之分。"甜品"带有喜剧色彩，"苦品"则含有悲剧格调。

襄阳腔类似京剧中的西皮，在开朗、明快、流畅中又显出轻松、活泼，较多用于表现愉快、喜悦与激昂的感情。

胡琴腔多显悲壮、激昂、肃穆，多为正剧、悲剧所采用。胡琴源于徽调的石牌腔，与二黄腔同源，故近似京剧二黄，但与京

秦腔是我国最古老的戏剧之一。因以枣木梆子为击节乐器，又叫"梆子腔"，因以梆击节时发出"恍恍"声，俗称"桄桄子"。起于西周，源于西府，成熟于秦。以宝鸡的西府秦腔口音最为古老，保留了较多古老发音。

■ 滇剧表演

■ 滇剧表演

昆曲 是我国最古老的剧种之一，也是我国传统文化艺术中的珍品。昆曲糅合了唱念做打、舞蹈及武术等，以曲词典雅、行腔宛转、表演细腻著称，被誉为"百戏之祖"。昆曲以鼓、板控制演唱节奏，以曲笛、三弦等为主要伴奏乐器，其唱念语音为"中州韵"。

剧二黄又有不同，没有"原板"，其中有一种"梅花板"是由"二流"踩起来加以变化而成的，在歌唱中夹带诉说，可以唱到数十句不觉其繁复，真是如泣如诉、如怨如慕；常用于《黛玉焚稿》之类情节悲啼的戏里。

"三大调"的应用，有时是一个戏一种声腔到底，有时几种声腔混用。如《春秋配》《梅降雪》《花田错》《梵王宫》全剧通用丝弦腔，有"丝弦四大本"之称；而《三祭江》《游御园》等是3种声腔混用，称"三下锅"。

滇剧的3种主要声腔，结构均为板式变化体，都有倒板、机头、一字、二流、三板和滚板等板式。

此外，各声腔又有各自独有的板式唱腔，如丝弦腔有安庆调、坝儿腔、二十四梆梆、飞梆子等；胡琴腔有平板、架桥、梅花板、人参调等。

滇剧伴奏乐器，弦乐有锯琴、胡琴、南胡、月琴、三弦；弹拨乐器属辅佐性质；管乐有唢呐、叫鸡、笛子；打击乐有小鼓、大鼓、大锣、大钹、梆子等。

从剧目方面看，有文字记录的有960多出。其中一些属移植剧目，来自昆曲、秦腔、川剧和京剧，如《大赐福》《单刀赴会》《秦香莲》《烤火下山》《荆钗记》《打鼓骂曹》《马鞍山》《捉放曹》《四郎探母》《十字坡》等。

而一些滇云本土创作、改编的剧目，则富有边疆民族地方特色，如《打渔收子》《望夫云》《逼死坡》《黑龙潭》《陈圆圆出家》等，与云南的史实、传说相结合，从唱词到道白，都充满着云南生活的诗情画意。

滇剧的脸谱，按构图色彩、性格形象及身份特点等的不同，可分为10类：红脸、黑白脸、粉脸、三块瓦、五彩脸、象形脸、阴阳脸、坝儿脸、二柄柄、小花脸。勾脸的手法是"一鼻挡，二眼膛、三脑门、四腮巴、五笔峰"。色彩鲜艳，对比强烈，极富于夸张、浪漫的风格。

滇剧的表演艺术和其他的地方戏曲剧种一样，也是虚实结合、写意写实结合，而且强调写意性，是以虚拟的手法，通过程式化的表现形式来反映生活的。

135

地方特色

文化奇葩

阅读链接

滇戏在清代光绪年间就出现了四大班，即泰洪班、福升班、福寿班和庆寿班。

泰洪班，班址在昆明东岳庙，光绪初年为李少白领班，后为李彩芳领班，著名演员有雷四苗子、李三花脸、罗四狗、刘云光等；福升班，班址在老郎宫，光绪中为花旦马小七领班，著名演员有王辅臣、杨昆山、王辅廷、鲁子臣、翟海云等；福寿班，班址在昆明药王庙，光绪中为台柱花旦李品金领班，著名演员有蒋廷、罗双林、何桂须、潘巧云、李瑞兰、周少林等；庆寿班，班址在永灵宫，光绪中期成立，规模小，演员少。

其他还有牛街庄乡班子，呈贡斗南村乡班子，官渡马村乡班子，玉溪、曲靖、昭通等也出现滇戏班子。

由祭仪舞蹈而产生的傩戏

傩戏，是由驱鬼辟疫的祭仪舞蹈发展而来的一种剧种。明代时，由于大批汉族入滇，带来了"军傩"和"乡傩"，到清代，滇云傩戏十分活跃，并产生了不同剧种。如澄江的关索戏、昭通的端公戏、保山的香通戏和文山的梓潼戏。

傩戏面具

澄江关索戏属于傩戏大家族中的军傩系列，它与贵州地戏同源而流变，是一个独特而稀有的傩戏剧种。

相传，诸葛亮出征南中时，以关羽之子关索为先锋，曾驻兵于小屯村，故小屯村原名先锋营。

关索在这里扎营后，丰衣

■ 傩戏面具

足食，后来却发生了瘟疫，村落萧条。为恢复村落兴旺发达的面貌，便从外地请来师傅教唱关索戏，压住了瘟疫，小屯村又恢复了人丁兴旺的景象。从此，关索戏便在小屯村一代一代沿袭下来。

关索戏专演三国故事，其中又以演蜀汉人物如刘备、孔明、关羽、张飞、关索、鲍三娘等为主，加上马童、龙套、锣鼓手等，演员共有36人。关索戏演出有严格的程式和禁忌，如领牲、练武、出巡、踩村、踩街、踩家等。

祭祀活动是在农历腊月举行，先择好吉日，在村中灵峰寺正殿神位上供奉"药王"，并在村中撵一只鸡，抓住后将鸡宰杀，全体演员跪在神位前谢药王，颂念："药王大将，今天我们大家诚心诚意替您家去玩玩。"

农历 是我国长期采用的一种传统历法，它以朔望的周期来定月，用置闰的办法使年平均长度接近太阳回归年，因这种历法安排了二十四节气以指导农业生产活动，故称之为农历，俗称阴历，又有夏历、汉历等名称。

傩戏

丑 我国戏曲表演主要行当之一。俗称小花脸、三花脸。可分为文丑、武丑两大支系。文丑中又有袍带丑、方巾丑、褶子丑、茶花丑、老丑等。武丑俗称开口跳，讲究念白清脆流利，动作轻巧敏捷，着重翻跳扑跌的武功。

刘备 （161—223），字玄德，三国时期蜀汉开国皇帝，著名的政治家。221年，刘备在成都称帝，国号汉，年号章武；223年，刘备病逝于白帝城，谥号昭烈皇帝，庙号烈祖，葬惠陵。

祭祀后开始练武、排练节目，持续到除夕。演员要在寺内烧水洗澡净身，吃住在寺庙，一直到农历正月十六演出结束。

关索戏正式演出从农历正月初一开始，演员先要在药王神位前举行"着装仪式"。演员领到戏装后，两人一对在神位前磕头，然后着装，列队出巡。

以两面飞虎旗为前导，后面是举着令旗的4名小卒、锣鼓队，随后是戴面具的20名主要演员。队列前有两人抬着火盆，燃着柏枝，据说是为驱魔除邪。整个队伍排列顺序均有规定，不能错乱。

出巡队伍每到一个村寨，在村口要鸣放土炮三响以壮声威，要绕完村里的所有街道，称为"踩村"；如遇到赶街天要从集市中穿过，称为"踩街"；队伍在村寨应住户之请到家中祈福，称"踩家"。

踩家时全体人员进到主人家院子里，20名主要演员进入堂屋，在锣鼓声中分列2排，由扮刘备者为主人家唱祝词。祝词内容根据各家需求有所不同，但有请则必须去。

昭通的大关傩戏，当地称"端公戏""师攘戏""跳端公""庆菩萨""庆坛戏"，是民间巫术祠仪与戏曲表演相结合的古老的地方民间剧种。

大关傩戏历史悠久，1667年，大关县吉利镇鱼田村曹家寨道士曹文广从四川学习傩戏返回家乡，便招收门徒，立坛开教，使傩戏在大关县境内日渐普及。

曹文广在编剧和演出中，把地方民间小调、川剧音乐、民间武术和杂技等表演技巧融入其中，形成演、唱、说、跳、打为一体的地方特色剧种，受到当地百姓的喜爱。

大关傩戏表演的最大特点是，用生动形象的木雕面具，通过化妆来表现和区分人物，如装扮成二郎神、寿星、福星、八蛮将军、苗老三、和尚等人物。

大关傩戏表演角色分生、旦、净、丑4类，其唱腔有"九板十三腔"之说。曲牌有《西江月》《哭梧桐》《柳含烟》《豆芽黄》《洞中春》《梅花咏》《二黄腔》《高腔》《哭声腔》和《走板》等。

生 我国戏曲表演主要行当之一。泛指净、丑之外的男角色。生的名目最早见于宋元南戏，指剧中男主角，与元杂剧的正末相当。清以后又衍化为老生、小生、外、末4个支系。按其扮演人物属性、性格特征和表演特点，大致可分为老生、小生、外、末、武生、娃娃生等类。

■ 傩戏表演

■ 傩戏面具

演员必须具备唱、做、念、打和手、脚、身、步法的表演艺术及扑、翻、打、斗、踢的功夫，演出时既有武场伴奏，又有丝竹管弦的文场设置。

梓潼戏是因扮演梓潼帝君故事，用于求子还愿而得名傩愿戏。其敬奉的戏神是七曲文昌梓潼帝君。一般求新婚，婚后不育，有女无男，或童子久病不愈的人家邀请演出，意在求子还愿、祈神赐福。

清代同治年间，梓潼一位阳戏传人叶德清带班出门到云南，最后扎根云南文山县，与少数民族文化融合成为一种地方戏剧。

云南傩戏是长期历史的积淀，具有珍贵的历史价值和文化价值。它是多种文化的载体，是边地汉文化与民族文化的结晶，在研究人类学、宗教学、历史学、戏剧发生学、文学、美学方面都有重要意义。

阅读链接

地处云南西部的保山乡间，活跃一种祭祀与戏剧表演相结合的傩戏剧种香通戏。香通戏在保山俗称"跳神"，源于中原，大约在清代乾隆年间，形成了自己的形式和剧目，融诗、歌、舞为一体，熔唱、做、念于一炉。

香通戏剧目有36出，有《金枪五爷》《羊头太子》《大王二王》《白鹤仙娘》《水西蛮子》等。分生、旦、净、末、丑，表演不戴面具，但开脸，有独特的音乐声腔、表演模式及活动地区。表演伴随着民俗祭祀活动，达到祈求发财致富、家宅平安、驱病增寿的目的。

古风神韵的云南壮剧

云南壮剧是随着壮族社会经济的发展，在丰富的民间文学、音乐、舞蹈和杂耍技艺的基础上，吸收汉族戏剧的一些表演形式而成的一种舞台艺术形式。云南壮剧有富宁土戏、广南沙戏和文山乐西土戏3个分支。

富宁土戏源远流长，是壮剧的组成部分，于清代雍正年以前产生于富宁剥隘的者宁地区。到乾隆中期，它从原来的独幕戏发展为多幕戏。

主要流行在富宁县城关、皈朝、剥隘、那能、洞波、者桑、板仑、花甲、谷拉、阿用、郎恒等乡镇，鼎盛时期业余戏班多达百余个。

■壮剧人物

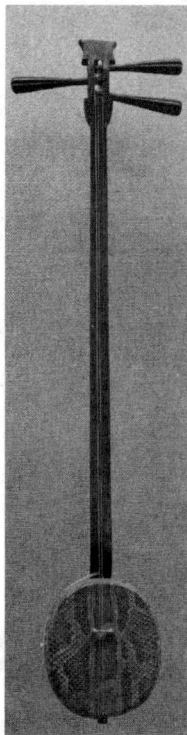
■ 三弦

旦 戏曲表演行
当类型之一，女
角色的统称。源
于歌舞、百戏。
魏之"辽东妖
妇"，隋之《踏
谣娘》，唐之
"弄假妇人"，
等等，都是扮演
妇女作戏剧性表
演的节目，当为
旦的前身。大致
可分为正旦、花
旦、贴旦、闺门
旦、武旦、老旦
和彩旦等。

富宁土戏音乐包括"哎咿呀""哎的呶""乖嗨咧"和"咿嗬嗨"4种声腔。各处声腔独立成戏，即某一个戏班只演唱一种声腔，互不混用。

富宁土戏生、旦、净、丑行当俱全；乐器分文乐和武乐两部分，文乐使用马骨胡、土胡、葫芦胡、笛子、三弦等；武乐有土锄鼓、土锣、土钹等；道具有刀、枪、剑、鞭、棍、斧、戟等。

富宁土戏剧目内容多取材于壮族民间故事或我国历史传说，传统剧目有《侬智高》《弄娅王》《弄隆洞》《石达开》《螺蛳姑娘》《烈女救夫》《林朋卖武》《罗通扫北》《打渔杀家》《双贵图》《五虎平南》《薛丁山征西》《蟒蛇传》等。

广南沙戏主要产生和流行在广南县北部和东部的一部分壮族村寨中，分为弱路沙戏和东路沙戏。至清代光绪年间，沙戏在广南已很普遍。

同治庚午举人、广南才子陆贷秋暮年观沙戏即作《竹枝词》一首：

老人厅畔筑高台，勒少勒帽得得来，
笙箫鼓乐相杂奏，咙哑一声戏场开。

光绪时期的沙戏与民间信仰关系密切。在10个沙戏班子中，有7个是布摩担任班主，素有"布摩不开腔，戏班不开箱"之说。班主不是布摩的戏班也要供奉祖师万法教主、玄天仁威上帝、指同等。

清末，受外来戏曲的影响，壮族沙支系一些有文化的民间艺人，把固有的民歌、音乐、舞蹈、说唱、武术等融为一体，搬上舞台，形成了沙驱。

沙戏演出有"文不离扇，武不离刀，侧身出场，台中亮相，先礼后唱，拜揖入场"的传统表演程式。

文官出场的"上引台"程式接近汉族剧种的"排朝"；武将出场的"上跳台"接近滇剧早期的"推衫子"。小姐庄重，书生文雅，大王草莽……唯小丑放荡不羁，可以唱前不礼人，入场不揖，插科打诨，任意发挥，故有"小丑出场，笑断肚肠"的说法。

演出一般在农历正月初二、正月十五、二月初一。一年3次，一次演出三五天。

演出前由班主进行开台仪式。在后台设一香案，烧香3炷，酒3杯，敬献戏神，班主口中念念有词，祈祷演出成功，祈求神灵保佑全村寨人安畜旺、五谷丰

地方特色

文化奇葩

举人 本是被荐举之人。汉代取士，无考试之法，朝廷令郡国守相荐举贤才，因以"举人"称所举之人。唐、宋时有进士科，凡应科目经有司贡举者，通谓之举人。至明、清时，则称乡试中试的人为举人，亦称为大会状、大春元。

■ 壮剧表演

■ 壮剧脸谱

赵匡胤（927—976），北宋开国皇帝，庙号宋太祖。出生于洛阳夹马营，祖籍河北清苑县。960年，代周称帝，建立宋朝，定都开封。在位期间，加强中央集权，提倡文人政治，开创了我国的文治盛世，死后葬于郑州巩义宋陵之永昌陵。

登。演出结束，以同样形式收台。

沙戏也有脸谱，反面人物在脸上抹几块黑白颜色示其奸凶丑恶；书生、小姐浓妆艳抹；小丑、奸臣白嘴白鼻；其他角色只略施粉墨，没有定型脸谱。早期沙戏还使用过赵匡胤、李逵、猪、猴等脸壳面具，后只有"加官""雷公""电母"脸壳留存。

沙戏服饰以原始头盔用蔑编纸裱，后用硬纸板自制，绘上花鸟虫鱼，配上绒球泡珠，一般是前额高大，后边草率。主帅插的翎稍长，大将稍短，反王或山王插独翎。

靠旗比汉族剧种的短小，主帅人物背5根，大将背3根。蟒袍衣褶、裙被巾鞋大都用土布，颜色自制自绘，旦角环佩银饰的多少，视人物身份而定。

把子除棍外，没有枪、戟等长兵器，多为短柄刀、斧、"狼嘎"等短兵器。主将喊带马时，兵卒将手中的短兵器代作"马挽手"。

武打大多是民间武术套路，还掺杂群众日常生活中的打斗动作，如徒手对打"下绊子""扳腰跤"等。每当正义战胜邪恶时，戏场中欢呼不已，很有农村情趣。

乐西土戏形成于清代光绪年间，流行在文山县备厚乡乐西村一带。文山壮族布傣人自称"戏布傣"，被誉为"中国戏曲后花园中的活化石"，具有较高的知名度和影响力。

乐西土戏音乐为曲牌式结构，分为唱腔音乐和器乐音乐。有"悲调""喜调""催场调""阿西调"和"大过板"5个曲调，演出中男女同调，板式固定。

凡是凄惨悲凉、生死离别、含冤负屈、受苦受难时都用"悲调"；剧情发展到欢乐高兴时用"喜调"；"催场调"则专门用于催场时唱；"阿西调"一般在大团圆、敬酒时合唱；"大过板"用于幕前幕间演奏。

演出时，文场使用二胡、三弦和尖头箫，武场使用牛皮鼓、大锣和钹。此外，还用壮族民间乐器比勒溜等演奏一些民歌改编的即兴曲调穿插于剧中。

乐西土戏的表演纯朴自然，以人物性格作即兴表演。演出时，由点戏师傅做提纲式的点说引领，然后任由演员自由发挥，角色有生、旦、净、丑，人物造

净 戏曲表演行当的类型之一。俗称为花脸，大多是扮演性格、品质或相貌上有些特异的男性人物，化妆用脸谱，音色洪亮，风格粗犷。可归纳为大花脸和二花脸两大支系；二花脸中又有武花脸、油花脸等若干分支。

地方特色

文化奇葩

■壮剧表演

型则是小姐庄重、书生文雅、小丑放荡不羁。

男装仿汉剧，女子着本民族生活装。在表演语言上，除无法翻译的专用名词外全部的唱词、对白、独白都用布傣语言。脸谱一般模仿汉族戏剧，如关公画红脸，包公画黑脸，武将的脸谱有好几种。

乐西土戏表演中有一些道具，如女角不分老少全都提手巾，也有按角色特征用扇子，如秦香莲用手巾，公主用扇子。根据角色不同，还使用刀、枪、剑、神鞭、文马等道具。

乐西土戏保存和流传的传统剧目有50多个，如《香山记》《蟒蛇记》《铡美案》《秦雪梅吊孝》《古城会》《木兰从军》《过五关斩六将》等。取材相当广泛，经过布傣艺人的不断加工和丰富，都具有文山壮族的特点、风格及民族特色。

云南壮剧是云南壮族民间的艺术瑰宝，它综合了壮族山歌、舞蹈、音乐、说唱、民间故事和民间传说等艺术形式。同时，不断融合吸收了外来戏剧艺术的长处，在长期的发展中具备了戏剧的各类元素，是一个比较成熟的艺术形式，具有极为宝贵的艺术价值。

阅读链接

乐西土戏一般在农历正月初一至十五演出。演出前要进行开台仪式，设灵牌位，班主焚香，念祷词，祈求国泰民安，风调雨顺。当时杀鸡献饭，之后开始唱戏，以演出《香山记》为开场，《过五关斩六将》为扫台。

乐西土戏演出"三国戏"时，只演关公胜的剧目，不演关公败的剧目。在每次演出过程中，有戏前准备、踩台、催场、扫台等一整套习俗和祭祀活动。演《关公戏》和《香山记》时，扮关羽和观音的演员要提前3天沐浴净身，以示崇敬。演出结束先拜本村观音庙，然后沿寨内主干道到武庙拜关公后卸装。

具有民族特色的天文历法

  云南诸多少数民族在生产实践中观察天象，许多民族都创造了本民族的历法系统，滇云25个少数民族中，傣族、彝族、藏族等12个民族，历史上曾制定和实施具有本民族特色的历法，并有特殊的天文知识，体现了各民族的智慧。

■云南傣族舞蹈

囊括傣族天文历法的《贝叶经》

如傣族的"傣历"、彝族的"十月太阳历"、藏族的"藏历"等都反映出少数民族有别于汉民族的历法系统和宇宙观。

傣历是通行于西双版纳及孟连等傣族地区的一种自成体系的阴阳合历。阴阳合历是以太阳运行周期为1年，以月亮的圆缺周期为1月，由于回归年不是朔望月的整倍数，每年要比12个月多出11天多，于是隔两三年设置1个闰月。

傣历尽管同汉族的农历、西藏的藏历一样是阴阳合历，但也有自己的民族特点。傣历的月是阴历月，即以月亮的一个圆缺周期为1个月，但固定双月29天，单月30天，大小月相间。

除八月隔数年有一次"八月满月"，即傣历八月一般是29天，隔数年有一次30天，其余各月日数不变。闰月固定在九月，19年7闰，闰九月30天，置闰年与汉族农历有一年之差。

傣历年是太阳年，即以太阳在黄道上进入白羊宫宫首到下一次再到达白羊宫为1周年。岁首没有固定日子，每年后推约11天。其元旦以太阳运行位置来定，与月亮圆缺变化毫无关系。

傣历中又包括纪元纪时法与干支纪时法两部分，两种方法在傣历中相辅并用。傣历干支纪时法将10天干和12地支相互搭配得60个数，以这60个数来纪年和纪日，同时还单用12地支纪月。

傣历干支日和汉族农历干支日是完全相同的。傣历1322年的5月1日为农历正月初一，纪日干支都是己卯，干支年也一样。因而两种历法首尾有两个多月的差数，因此农历辛丑年正月初一，在傣历是庚子年。傣历到清明过完年后，才与农历干支一致。

汉族干支在夏代就已使用，傣历来源于汉历。早在东汉时期，就有由傣族先民建立的掸国，其国王雍由调曾奉国宝朝贺，被赐封为"汉大都尉"。

南诏开南节度所辖的茫乃道，即西双版纳景洪地区。少数民族要同中央建立政治上的隶属关系，其中一个条件就是"奉正朔"，即接受封建中央的历法，因而傣族很有可能在汉代就吸收了汉族干支纪时法。

地方特色

文化奇葩

■ 傣族竹楼

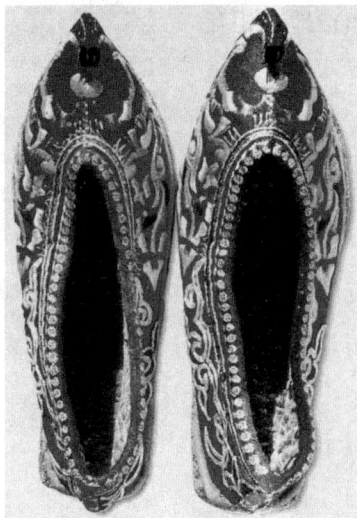

■ 云南傣族花开富
贵绣鞋

傣历纪元纪时法以傣历建元之日起数，顺序往后累计年数，与公历的纪时法相似。

除了按年为单位顺序累计之外，又单纯按月和按日进行累计，这种累计数分别称为"纪元积月数"和"纪元积日数"。

这3项年月日的累计数，在傣历中是非常重要的数据，对天文学、数学发展有重要意义。

由于纪元纪时法中的许多专用名词译自梵文，傣历重推算的特点也与印度古代天文历法属同类型，而且傣历的重要节日如泼水节、关门节、开门节同时也是宗教节日。

傣历的推算与颁布权属于佛寺。因而傣历纪元纪时法是随着小乘佛教的传布而使用开来的。在小乘佛教传入以前，傣族一直使用的是干支纪时法。

傣历是随着天文学发展起来的，《历法星卜要略》《苏定》等是尚存的傣族天文历法文献，是研究傣历的重要资料。

傣历体系是傣族固有文化的一个重要组成部分，它根置于傣族人民生产、生活中，又是吸收其他民族先进科学知识的结晶，具有科学性。

傣族用傣文撰写了许多天文历法著作，《胡腊》《多底桑》是算术、天文、历法知识的综述；《拉马痕》讲述27星宿；《蒙腊》等书讲述日食、月食的道

干支纪时法 是我国古代的一种纪时法，主要是以纪年、纪月为基础。干支是天干、地支的合称。它是我国传统历法中的干支纪时制度，是将十天干和十二地支顺序合理搭配，构成了60个干支，来依次、循环地纪年、纪月、纪日和纪时辰。此六十干支俗称为"六十花甲子"。

理和计算方法；《苏定》《苏力牙》《西坦》讲述傣历计算方法。

彝族"十月太阳历"的基本内容是：以虎、兔、龙、蛇、马、羊、猴、鸡、狗、猪、鼠、牛"十二兽"轮回纪日，不用序数或干支纪日。

由于用十二属相纪日，一个属相周为12日，每轮回3个属相周为一个月，每月36天。30个属相周为1年，即360天。

每年10个月，便不用十二属相纪月。计算岁数，每过10个月便算1岁。一年终了之后，另加5天置于岁末，既不计在上年末月之内，也不计在下年首月之内，作为过年日，又称为"过十月年"，全年共计365天，每4年再加一天"过年日"，是为闰年366天，每年平均365.25天。这与地球绕太阳一周的时间365.2422天相当近似，具有一定科学性。

彝族历法以十二属相纪日，有其规律性。若上年元日为虎日，因每月为3个属相周即36日；若过年日是5天，则下年元日为羊日；若过年日是6天，则下年元日为猴日。若卜年元日为羊日或猴日，则该年每月的首日恒为羊日或猴日。

泼水节 是傣族最隆重的节日，也是云南少数民族中影响面最大、参加人数最多的节日。泼水节是傣族的新年，相当于公历的4月中旬，一般持续3—7天。第一天傣语叫"麦日"，与农历的除夕相似；第二天傣语叫"恼日"；第三天是新年，叫"叭网玛"，意为岁首。

■ 傣族民间舞蹈

这样，同年10个月的首日及所有对应日的属相相同。下一年元日的属相只需在上一年纪日的基础上推后5个或6个属相即可。

彝族历法按5种要素区分公母，于是一年分为5个季节，每个季节包括同一要素中的公、母两个月，合计72天。这5季实际上就代表了太阳在天球上所经过的东、西、南、北、中5个方位。

这里一年10个月，双月为雌，单月为雄，其雌雄便是阴阳；一年分5季，每季分别以土、铜、水、木、火5要素为代表，这便是五行，由此可见彝族十月太阳历已蕴含着阴阳五行思想。

彝文典籍《西南彝志》和《宇宙人文论》以及许多毕摩的《毕摩经》中都记载了彝族的天文学知识。

七彩云南
滇云文化特色与形态

阅读链接

藏历是藏族人民创造的一种历法，已有1000多年的历史。

藏历是阴阳合历，将一年分为四季，以冬、春、夏、秋为序，全年354日。12个月以寅月为岁首，以月球圆缺周期为一个月。大小月相间，大月30日，小月29日。一个闰月，用来调整月份和季节的季节的关系。置闰时间，又与农历有所不同。

由于受到汉历的影响，从9世纪以来，藏历也一直采用干支纪年法，不同之处是以五行代替十干：甲乙为木，丙丁为火，戊己为土，庚辛为金，壬癸为水；以十二生肖代替十二地支即子为鼠、丑为牛……依此类推。比如农历的甲子年，藏历就叫木鼠年。

干支60年一循环，藏历叫"饶琼"，与内地"六十花甲子"相近，这反映了汉、藏两族历法的渊源关系。此外，藏历还设24节气，对西藏地区作中长期天气预报，对五大行星运动和日月食也作预报。

藏历有三大元素，包括藏族文化固有的物候历，由印度引进的时轮历，以及由汉人引进的时宪历。